ACCESO GRATIS ***a la Lectura en la Nube***

Para visualizar el libro electrónico en la nube de lectura envíe junto a su nombre y apellidos una fotografía del código de barras situado en la contraportada del libro y otra del ticket de compra a la dirección:

ebooktirant@tirant.com

En un máximo de 72 horas laborales le enviaremos el código de acceso con sus instrucciones.

EL DERECHO FUNDAMENTAL A LA PROTECCIÓN DE LA SALUD EN TIEMPOS DE CRISIS

EL DERECHO FUNDAMENTAL A LA PROTECCIÓN DE LA SALUD EN TIEMPOS DE CRISIS

EDGAR ALÁN ARROYO CISNEROS

tirant lo blanch
Ciudad de México, 2024

En caso de erratas y actualizaciones, la Editorial Tirant lo Blanch México publicará la pertinente corrección en la página web www.tirant.com/mex/

Este libro será publicado y distribuido internacionalmente en todos los países donde la Editorial Tirant lo Blanch esté presente.

DIRECTOR DE COLECCIÓN:
Edgar Alán Arroyo Cisneros

© EDITA: TIRANT LO BLANCH
DISTRIBUYE: TIRANT LO BLANCH MÉXICO
Av. Tamaulipas 150, Oficina 502
Hipódromo, Cuauhtémoc
CP 06100, Ciudad de México
Telf: +52 1 55 65502317
infomex@tirant.com
www.tirant.com/mex/
www.tirant.es
ISBN: 978-84-1071-912-5
MAQUETA: Disset Ediciones

A Lulú, por su amor
A Chayito, *in memoriam,* también por su amor

“La pandemia ha hecho patente la común fragilidad del género humano y su destino común”

Luigi Ferrajoli

Agradecimiento

A la comunidad científica, médica, académica, jurídica y política que trabaja incansablemente por mejor el estado de cosas del derecho a la protección de la salud

Índice

A modo de introducción

La Colección "Entre derechos" de la prestigiosa Editorial Tirant Lo Blanch y la Universidad Juárez del Estado de Durango (UJED) pretende generar espacios de diálogo sobre algunos de los desafíos más acuciantes que se le presentan al Derecho Constitucional, a los derechos humanos, a la teoría jurídica y a la Filosofía del Derecho hoy en día.

En este cuarto libro de la Colección, el Director de la misma y autor del texto que las y los amables lectores tienen en sus manos, reflexiona sobre la salud como derecho fundamental y sus múltiples implicaciones, vericuetos y vicisitudes en tiempos de crisis. Las crisis, en cualquier ámbito, son escenarios de problematización, desafíos y vicisitudes para la toma de decisiones. Ahora bien, cuando éstas se enfocan en el ámbito sanitario, los retos para afrontarlas se multiplican, en razón de que se dirigen a lo más preciado que tenemos como seres humanos y de lo cual depende la realización de nuestros proyectos tanto individuales como colectivos: la vida y la salud.

Sin salud, claro está, no puede haber un desenvolvimiento de mujeres y hombres en los tiempos que corren, en los cuales el fenómeno globalizador puede actuar para bien o para mal, con todo lo que ello implica. Las mejores virtudes públicas deben tener verificativo para que logremos salir delante de cualquier coyuntura, con la solidaridad como un eje transversal que impacte en todo el proceso.

En este tenor, la pandemia COVID-19 —cuyos efectos, secuelas y repercusiones continúan sintiéndose desde que empezó a finales de 2019— representa un nicho de estudio muy particular para analizar a profundidad lo que se ha hecho o se ha dejado de hacer en aras de la satisfacción de los derechos sociales en general y del derecho a la protección de la salud en particular. Además de arrebatar la vida de millones de personas, sus consecuencias se siguen dando en otros ámbitos sociales que requieren toda nuestra atención.

Es por ello que desmenuzar el derecho fundamental a la protección de la salud no sólo se torna imperativo sino urgente ante escenarios convulsos como los que plantea la contingencia. Dicho sentido de urgencia debe procurar la maximización de la salud como bien vital y fundamental que es, y cuya salvaguarda requiere de un consenso y un ejercicio deliberativo entre los diversos intervinientes sociales. Ejercer, poner en práctica y exigir los derechos humanos resulta entonces crucial.

En este libro, por virtud de las consideraciones hasta aquí vertidas, quiere convertirse en un vehículo para reflexionar no sólo sobre la pandemia COVID-19 sino sobre las demás emergencias sanitarias que irremediablemente vendrán en el futuro ya sea a corto, mediano o largo plazo. Las transformaciones y revoluciones sociales, ni duda cabe, muchas veces se gestan en condiciones de adversidad, en donde la resiliencia posibilita la conversión de lo negativo en positivo.

Así las cosas, en el primer capítulo se ofrece un acercamiento a los vínculos entre Constitución, salud y derechos humanos, pues de este circuito virtuoso depende la reivindicación jurídica del bienestar y la ausencia de enfermedades, con el elemento político que siempre está de por medio para que las expectativas normativas no se queden en el terreno de las promesas. Luego se categoriza al derecho a la protección de la salud como derecho social, bajo la doble dimensión que tiene como bien jurídico individual y social en donde importa tanto la preservación de las libertades como la satisfacción de determinadas prestaciones por parte de las autoridades. Enseguida se aborda el derecho objeto de nuestras reflexiones asociándolo con otras prerrogativas que son capitales para su materialización práctica, partiendo de la premisa de que todos los derechos se interrelacionan pero algunos de ellos tienen puntos de conexión mucho más directos. También se focaliza la trascendencia del derecho a la protección de la salud bajo distintas ópticas.

Por lo que hace al segundo capítulo, se pormenorizan las pautas normativas e interpretativas de este derecho fundamental, explicando primero el caso mexicano a la luz de la Carta Magna, la legislación secundaria y la jurisprudencia que se ido desarrollando de manera paulatina en los tribunales de nuestro país. Después se habla de algunos vericuetos contemporáneos del derecho a la protección de la salud y se hace un planteamiento sobre su especificación a nivel internacional, convencional y en los fallos del máximo órgano jurisdiccional del Sistema Interamericano de Derechos Humanos, *i. e.*, la Corte Interamericana de Derechos Humanos.

Finalmente, en el capítulo tercero se brinda un esquema vertebrador de la pandemia COVID-19, haciendo alusión a su génesis, desarrollo, expansión, retos y desafíos que posee en distintos planos, entre los cuales destacan el jurídico, el político, el social, económico y cultural, así como el filosófico. Con posterioridad, se habla de algunos puntos de entendimiento que sobre el nuevo coronavirus se han dado en el Derecho mexicano y en el ámbito internacional, para después examinar el rol cultural con perspectiva de futuro en los entresijos de una contingencia que tomó al mundo por asalto y por sorpresa.

Luego de articular cada uno de los capítulos de la obra, se ofrece un planteamiento conclusivo que integra lo narrado y explorado en cada uno de ellos, siempre en clave propositiva y crítica y haciendo nuestro el expediente de los derechos, pilar y soporte esencial del Estado constitucional y democrático de Derecho del siglo XXI, en donde la gobernanza cooperativa y la horizontalidad en los procesos de toma de decisiones se prefiguran igualmente como grandes objetivos compartidos.

Construir una democracia sanitaria, un constitucionalismo sanitario y una ciudadanía sanitaria es un bastión de la institucionalidad robusta que requerimos para encarar los estados críticos que se puedan presentar en el porvenir. En este sentido, la cultura constitucional, la cultura jurídica, la cultura de derechos fundamentales y la cultura de la legalidad se configuran como motores de propulsión para lograr tal aspiración.

El bienestar integral es lo que está de por medio cuando indagamos sobre salud, derechos humanos, democracia y Constitución, pues no puede perderse de vista que el COVID-19 no es una enfermedad que sólo afecta al organismo humano sino a la multiplicidad de organismos sociales existentes. El Derecho y los derechos son la mejor arma si es que queremos estar preparados para un futuro que, evidentemente, nos ha alcanzado.

Capítulo primero

El derecho fundamental a la protección de la salud: condicionamientos teóricos

I. APROXIMACIÓN GENERAL: CONSTITUCIÓN, SALUD Y DERECHOS HUMANOS

Hablar de Constitución, salud y derechos humanos supone hacer referencia a una serie de pautas no sólo jurídicas sino también políticas, colectivas y culturales de las que, sin duda alguna, depende la realización de un proyecto de vida. Su anclaje y debida retroalimentación resultan fundamentales para el desarrollo personal, familiar y social, por lo que salvaguardar a tales constructos como parte de un todo resulta sumamente beneficioso para emprender un plan a futuro. En palabras de Luigi Ferrajoli,[1] la esfera pública tiene un papel vital que hace ver el valor de la sanidad pública, así como su carácter gratuito y universal en actuación del derecho a la salud.,

La Constitución, como es bien sabido, diseña una serie de elementos para el adecuado cauce de las sociedades. Determina principios y postulados sin los cuales no es posible entender los fenómenos colectivos a partir de las complejas dinámicas que se han instalado en los tiempos que nos han tocado vivir. Efectivamente, el siglo XXI y sus múltiples desafíos requieren no sólo de una Carta Magna dotada de armazones normativos y conceptuales sólidos; antes bien, de lo que se trata es de que a partir de tales configuraciones se llegue a una aplicación efectiva en clave argumentativa. No puede pasar desapercibido el hecho de que un có-

---

1 Ferrajoli, Luigi, *Por una Constitución de la Tierra. La humanidad en la encrucijada*, trad. de Perfecto Andrés Ibáñez, Madrid, Trotta, 2022, p. 23.

digo político como tal contiene las decisiones políticas fundamentales y el inventario de anhelos de un pueblo, todos ellos sujetos a un obligado aterrizaje en el terreno de la realidad. Por supuesto, la prédica y la práctica no tendrían por qué estar disociadas.

La salud, a su vez, es una condición de posibilidad y una circunstancia *sine qua non* para los proyectos vitales referidos con anterioridad. Sin un nivel mínimo, suficiente y necesario de salud, simple y sencillamente no puede haber un adecuado desenvolvimiento de las personas en sociedad. La salud es un bien intangible preciado del cual dependen muchas situaciones posteriores en la vida de mujeres y hombres.

No es ocioso recordar la imbricación de la salud con la vida en sí misma, pues ambas se articulan en un solo eje. Por supuesto que en el ejercicio también del derecho al libre desarrollo de la personalidad, cualquier persona puede decidir tener alguna conducta o ingerir alguna sustancia que pueda resultar perjudicial para su salud, pero más allá de ello, el patrón general de contenidos tanto del derecho a la protección de la salud como del derecho a la vida se concebiría en clave positiva.

De lo anterior es posible colegir que los derechos humanos como prerrogativas que asisten a cada sujeto tienen como punto de partida tanto a la dignidad como a la libertad propiamente dichas, y en el caso del constitucionalismo sanitario no puede haber excepciones. En efecto: dignidad y libertad representan un par de elementos básicos para el entendimiento de los contextos en los que se desdoblan los canales comunicativos de los seres humanos.

La tríada de Constitución, salud y derechos humanos, por lo visto, forman parte vertebral de las personas tanto en lo individual como en lo colectivo, tanto en sentido de expectativas como de resultados tanto en términos de supuestos hipotéticos normativos como de realizaciones praxiológicas y tanto en lo público como en lo privado y en lo social. Ninguna esfera puede escapar al influjo del constitucionalismo sanitario y la necesidad de que la salud de las personas esté protegida por la más importante de las normas jurídicas.

Cada persona elige su rumbo vital pero en ello la Constitución debe tener un papel firme de articulación, configuración y garantía. Si como asegura Zagrebelsky,[2] las sociedades pluralistas actuales —dotadas en su conjunto de un cierto grado de relativismo y marcadas además por la presencia de grupos sociales amplios y diversos que tienen intereses, ideologías y proyectos diversos, sin que ninguno de ellos sea exclusivo o dominante, estableciendo la base material de la soberanía estatal en el sentido del pasado— asignan a la Constitución la tarea de realizar las condiciones de posibilidad de la vida en común y no tanto el establecimiento directo de un proyecto vital determinado, además de que configuran a la propia Carta Magna como una plataforma de partida que representa la garantía legítima para cada sector social, hablamos pues de un compromiso constitucional en toda la extensión de la expresión. Precisamente, y como plataforma que es, la Constitución expresa un inventario de posibilidades en donde la vida y la salud juegan un rol estelar.

Si el Derecho es una práctica social en sí misma y un conjunto de principios argumentativos que deben orientarse a su plena consecución, el constitucionalismo sanitario debe introducirse plenamente en esta ecuación. Como práctica social, requiere de reglas, principios y directrices que operen de forma factible en el entramado social; mientras tanto, como conjunto de prácticas argumentativas, se trata de que haya razones para el cabal cumplimiento de la ley y de la vigencia del Estado de Derecho, lo cual desde luego tiene que darse acudiendo a la persuasión y al convencimiento.

Lo dicho no es una obviedad, pues aunque queda claro que sin un mínimo de salud la mayoría de las actividades no pudieran realizarse, en realidad se trata de que las personas puedan estar en plenitud de facultades como parte también del ejercicio de sus derechos fundamentales. Y si en ello hay una corresponsabilidad

---

2 Zagrebelsky, Gustavo, *El Derecho dúctil. Ley, derechos, justicia*, trad. de Marina Gascón, 7a. ed., Madrid, Trotta, 2007, p. 13.

por parte de las autoridades, la sociedad civil y cada persona *per se*, tenemos entonces una fuerte necesidad de que las estrategias jurídicas y políticas para hacer valer el varias veces citado constitucionalismo sanitario sean sumamente amplias y vigorosas.

Cuando no existen condiciones para proteger como es debido la salud de la población, el Estado está fallando de forma contundente en uno de sus cometidos primordiales. De un adecuado nivel de vida, de bienestar y de salud personal depende el que se puede calibrar, diagnosticar e incluso evaluar tanto a los sistemas políticos como a los esquemas democráticos, sobre todo con hechos y no únicamente en el plano discursivo.

El constitucionalismo sanitario, además de un completo y entero mecanismo de cuidado del derecho fundamental a la protección de la salud, precisa poseer herramientas palmarias para las relaciones intergubernamentales en clave de federalismo en la materia, o lo que es lo mismo, de un sistema federalista que en el plano de la salud propicie y obligue a una cooperación entre las distintas instancias de gobierno, tanto en el plano horizontal como por lo que toca y corresponde a la verticalidad.

En todos los órdenes gubernamentales, efectivamente, tiene que haber una esfera de atribuciones así determinada por la Constitución y desarrollada de forma óptima en la legislación secundaria, pues lo contrario supondría una negación fáctica del constitucionalismo sanitario y un retroceso en su adecuada regulación.

La división de poderes, asimismo, también cobra relevancia cuando hablamos de salud, pues tanto la administración pública como los parlamentos y los jueces no sólo pueden sino que deben observar criterios de ampliación y expansión de los derechos sociales vistos como una generalidad pero también en el caso concreto de las prerrogativas sanitarias, lo cual pasa por lo institucional, lo presupuestario, lo asistencial y todo aquello que sea necesario para que la óptica constitucional se ponga en una adecuada perspectiva.

II. EL DERECHO A LA PROTECCIÓN DE LA SALUD COMO DERECHO SOCIAL

Los derechos sociales se configuran como una parte esencial no sólo del constitucionalismo contemporáneo sino de la democracia, los sistemas políticas e, incluso, de los sistemas sociales en sí mismo. Observados en un principio como una serie de axiomas de muy complicada realización, hoy en día son uno de los puntos estelares del Derecho en su aplicación, efectividad y vigencia. Lo anterior es así porque no se entienden únicamente en clave de expectativas sino de compromisos firmes para el Estado, los cuales se desdoblan en distintas esferas: la presupuestal, la técnica, la programática y de las políticas públicas asumidas hacia el futuro pero también hacia el presente.

Es de muy explorado Derecho el que el constitucionalismo social va codo a codo con una serie de luchas precisamente sociales y con conquistas tanto normativas como políticas. En el caso mexicano, a pesar de que desde 1917 presuntamente asumimos la lógica del constitucionalismo social, nuestra norma fundamental de ese año se creaba de a poco, irrumpiendo en el *statu quo* y necesitando tiempo para desarrollarse, lo cual produjo que su creación y entendimiento fuesen fragmentados y parciales; así, las dinámicas normativas y de dogmática jurídica tuvieron un desarrollo poco ortodoxo.[3] Si bien es cierto que la Constitución mexicana es considerada como una de las primeras normas máximas de naturaleza social a lo largo y ancho del orbe, la dispersión normativa que trajo consigo impactaría tiempo después por lo que hace a la brecha entre la validez y la eficacia de las disposiciones constitucionales, *i. e.*, entre la teoría y la práctica.

---

3 *Cfr.* Cossío Díaz, José Ramón, "Felipe Tena Ramírez y la Constitución de 1917", en *id.* y Silva-Herzog Márquez, Jesús (coords.), *Lecturas de la Constitución. El constitucionalismo mexicano frente a la Constitución de 1917*, México, Fondo de Cultura Económica, 2017, p. 132. Del mismo autor véase su obra *Cambio social y cambio jurídico*, México, Miguel Ángel Porrúa, Instituto Tecnológico Autónomo de México, 2008.

A pesar de estos vericuetos y recovecos, no puede negarse la profunda transformación cultural que supuso el hecho de contar con un código político de corte social. Dicho constitucionalismo social fue inaugurado por la consagración constitucional de los derechos económicos, sociales y culturales —previamente establecido por las legislaciones ordinarias de Estados Unidos— precisamente, como ya se decía con anterioridad, en la Constitución mexicana de 1917, el cual se desdoblaría en la constitución alemana de Weimar y otras cartas europeas, así como por algunas leyes fundamentales latinoamericanas en los años previos a la segunda gran guerra.[4] Esta especie de geopolítica constitucional de tipo histórico es esencial para la comprensión simbólica de todos aquellos significantes y significados normativos que se dirigen hacia un mismo fin.

En el punto propio de nuestras reflexiones, el derecho a la salud es un elemento protagónico del constitucionalismo social, a pesar de que en casos como el de nuestro país se haya introducido hasta tiempos recientes. Y es que, en efecto, fue hasta el 3 de febrero de 1983 cuando se elevó a rango constitucional el derecho de toda persona a la protección de la salud, o sea, casi sesenta y seis años después de la expedición del texto máximo que actualmente nos rige. Esta diferencia temporal, a pesar de que es también una diferencia de índole cultural, no obsta para que la salud como objeto de un derecho fundamental se configure igualmente en un sentido de postulado de difícil realización y no tanto como un supuesto hipotético normativo con el grado de inmediatez que caracteriza a los derechos sociales en la actualidad.

En realidad, el conjunto de los derechos sociales tiene poco tiempo de haberse incorporado a un espacio material de efectividad, lo cual es un proceso simultáneo con la evolución del De-

---

[4] Fix-Zamudio, Héctor, "Los derechos humanos y su protección jurídica y procesal en Latinoamérica", en Valadés, Diego *et al.*, *Ideas e instituciones constitucionales en el siglo XX*, México, Siglo XXI, UNAM, Instituto de Investigaciones Jurídicas, 2011, p. 367.

recho mexicano en los últimos tiempos, caracterizada entre otras cosas por la trascendental reforma del 10 de junio de 2011 en materia de derechos humanos y, sobre todo, la interpretación, exégesis, racionalización y argumentación que al respecto ha llevado a cabo el más importante de nuestros órganos jurisdiccionales como es la Suprema Corte de Justicia de la Nación.

Es necesario, antes de seguir adelante, hacer una precisión semántica y lingüística: es más apropiado hablar de "derecho a la protección de la salud" que de "derecho a la salud". Según Ruiz Massieu,[5] ello obedece a que esta última fórmula resulta ingenua y demagógica, mientras que la primer es más sensata al consagrar el elemento radical de este derecho social, como es el acceso universal a los servicios de salud, ya sean de atención médica, de salud pública o de asistencia social, al tenor de lo dispuesto en la Ley General de Salud, normativa que desdobla y regula los contenidos esenciales de la prerrogativa que nos ocupa.

Además de este elemento político y discursivo que identifica el autor al que se hace referencia, es de considerar que la terminología "derecho a la salud" carece de elementos técnicos enfocados a su salvaguarda y a la instrumentación de adecuadas técnicas de tutela constitucional —más allá de que quizá pueda resultar demasiado simple—, a lo cual parece acercarse la fórmula varias veces aludida de "derecho a la protección de la salud".

La naturaleza del derecho a la protección de la salud, como en el caso de todos los derechos sociales, es de índole prestacional pero también de pleno involucramiento por parte de la ciudadanía en lo tocante a su consecución. En dicha naturaleza sobresale un cruzamiento de derechos que, como se verá más adelante, destaca al momento de porfiar en su desahogo propiamente dicho.

---

5 *Cfr.* Ruiz Massieu, José Francisco, "El derecho a la protección de la salud y la responsabilidad del Estado", *Salud pública de México*, México, vol. 27, núm. 1, enero-febrero de 1985, p. 6.

La justicia distributiva es algo digno de tener en cuenta cuando nos referimos a este derecho fundamental; en general, el sentido de justicia debe imperar al hablar de maximizar los efectos de una prerrogativa de este calado. La institucionalidad, además, es un tópico clave para reivindicar algunas de las demandas que la sociedad civil pueda llegar a tener al respecto. Siguiendo a Carlos Elizondo:

> En las sociedades desarrolladas contemporáneas, el derecho a los servicios de salud es, crecientemente, un bien que el ciudadano espera sea distribuido de acuerdo con la necesidad, como criterio dominante. Éste parecer ser, en la mayoría de las sociedades desarrolladas, el criterio de distribución justo, no la capacidad de pago. Se trata de un bien que algunos van a consumir más que otros, sin que en general sea por su decisión (salvo cuando se tienen comportamientos de conocido riesgo para la salud, como fumar) ni se pueda anticipar con certeza quién tendrá más necesidad de usarlo, por lo menos todavía (el avance en la genética puede cambiar esto, con implicaciones éticas y económicas muy importantes).[6]

Para el maestro Diego Valadés, uno de los aspectos centrales del constitucionalismo del siglo XX, en lo que toca a la sociedad, fue el reconocimiento de nuevos derechos fundamentales en la mayoría de las Constituciones europeas y latinoamericanas, así como algunas africanas y asiáticas, incorporando reglas tutelares de la niñez, la juventud, la tercera edad, los consumidores, el ambiente, la protección del ocio, el deporte y, en lo que nos interesa, el acceso a los servicios de salud.[7] Es factible observar desde este punto de vista que el derecho a la protección de la salud forma parte integral de los sistemas jurídicos y constitucionales contemporáneos, con todo lo que ello implica para el diseño de herra-

---

[6] Elizondo Mayer-Serra, Carlos, "El derecho a la protección de la salud", *Salud pública de México*, México, vol. 49, núm. 2, marzo-abril de 2007, p. 146.

[7] *Cfr.* Valadés, Diego, "Introducción: visión panorámica del constitucionalismo en el siglo XX", en *id. et al.*, *Ideas e instituciones constitucionales en el siglo XX*, México, Siglo XXI, UNAM, Instituto de Investigaciones Jurídicas, 2011, p. 22.

mientas normativas y de interpretación constitucional que hagan valer a tales sistemas.

Al decir de Pedro Salazar, los derechos sociales representan la expresión jurídica de una serie de demandas que promovieron las doctrinas socialistas con fuertes tendencias libertarias, pues son derechos individuales que se reconocen y protegen en aras del interés social.[8] Es de destacar entonces cómo no deja de perderse la individualidad de este tipo de prerrogativas, más allá de que su proyección sea eminentemente social.[9] Converge en este derecho humano, pues, una serie de vectores que permiten aproximar dos doctrinas que para algunos serían irreconciliables por su disociación y distancia en el espectro ideológico; más allá de que en efecto pudiera haber distintas problemáticas al respecto, resalta el hecho de que la evolución constitucional se presenta caso a caso y de momento a momento. Y si ello procura una eficacia normativa de los derechos, es insoslayablemente más que bienvenido.

Apuntando precisamente a dicha eficacia normativa y a su garantía, el Estado debe actuar promoviendo y protegiendo el bienestar económico y social, en tanto garante del bienestar de las personas, mismas que buscan desarrollar sus facultades al máximo tanto en lo individual como en lo colectivo.[10] Asimismo, llevan la

---

8 *Cfr.* Salazar Ugarte, Pedro, *La democracia constitucional. Una radiografía teórica*, México, Fondo de Cultura Económica, UNAM, Instituto de Investigaciones Jurídicas, 2006, p. 151.

9 Así es por ejemplo la opinión de Carlos de Silva Nava, para quien las en su momento llamadas "garantías sociales" no eran otra cosa que "garantías individuales" -denominación que como es bien sabido tenían los derechos humanos antes de la reforma constitucional del 10 de junio de 2011-, las cuales se ejercían por una persona en concreto, no a varias personas, en la medida en que dicha persona pertenece por supuesto a una clase o grupo social en específico, pero a final de cuentas son personales. *Cfr.* su obra *Curso de Derecho Constitucional*, pról. de Manuel González Oropeza, México, Suprema Corte de Justicia de la Nación, Benemérita Universidad Autónoma de Puebla, 2010, pp. 192 y ss.

10 *Cfr.* Fix-Zamudio, Héctor y Valencia Carmona, Salvador, *Derecho Constitucional Mexicano y Comparado*, 6a. ed., México, Porrúa, UNAM, Instituto

idea de la igualdad de oportunidades, buscando que a cada quien se le otorgue lo que le corresponde a efecto de contar con los satisfactores económicos y culturales mínimos para que su vida sea digna.[11] La protección de la salud, al tenor de lo expuesto, es un satisfactor vital de gran calado y de largo aliento, del cual depende una realización del resto de empresas que cada persona establezca para sí o para los demás. Es de enfatizar, una vez más, la dimensión tanto individual como colectiva de esta prerrogativa. La salud le importa a cada individuo tanto en ese terreno personal como al integrar una comunidad.

Puede decirse igualmente al hacer alusión a los derechos sociales que el Estado y sus autoridades actúan como reguladores, al ejercer un poder de imperio limitado por el orden jurídico y velar por el cumplimiento de las modalidades que constituyen prerrogativas sociales; cumplen con los principios de supremacía y rigidez y su objeto recae en prestaciones específicas para lograr el bienestar.[12] La regulación es una función determinante para el adecuado cauce de la salud, por lo que se torna imperiosamente necesario un diseño institucional óptimo para lograr tales propósitos.

Ahora bien, es necesario señalar que las obligaciones positivas como tales que tienen los Estados en términos de los derechos fundamentales se dan en todos ellos; en efecto, y con independencia de su mandato normativo principal, es a través de dichas obligaciones que el Estado como tal asume el deber de implementar acciones para cumplir efectivamente con la totalidad de

de Investigaciones Jurídicas, p. 433.

11 *Cfr.* Carpizo, Jorge, "Los derechos humanos en México", en *id.*, *Estudios constitucionales*, 8a. ed., México, Porrúa, UNAM, Instituto de Investigaciones Jurídicas, 2003, p. 487.

12 Rojas Caballero, Ariel Alberto, *Las garantías individuales en México. Su interpretación por el Poder Judicial de la Federación*, pról. de Genaro David Góngora Pimentel, 3ª. ed., México, Porrúa, 2004, pp. 622 y 623.

los derechos.[13] En el caso concreto de los derechos sociales y del derecho a la protección de la salud, la implementación de políticas públicas vigorosas, bien estructuradas y lo adecuadamente fortificadas es un primer paso a tener en cuenta. Por igual, la solvencia y suficiencia presupuestal amplifica todavía más su valor en un tópico que demanda tantos recursos de todo tipo como es el sanitario.

Ahora bien, el terreno de las políticas públicas no es fácil de diagnosticar ni ejecutar, además de que en ello hay un requerimiento de dilucidar entre el objeto propiamente dicho de los derechos y los mecanismos que se puedan llegar a instrumentar para protegerlos a cabalidad y no sólo en el discurso. La salud no debe ser vista en modo alguno como un gasto sino como una inversión.

Por lo visto, una cosa es un enunciado normativo que recoja una prerrogativa y otra muy diferente la manera mediante la cual se habrá de salvaguardar esa prerrogativa, en qué condiciones y bajo que circunstancias. Las respuestas no son fáciles y en muchas de las ocasiones es necesario acudir al activismo judicial, a la interpretación constitucional y a la argumentación jurídica para poder encontrarlas.

No lo olvidemos: el Derecho del siglo XXI es un Derecho que se entiende como un flujo de razones en pos de ciertos objetivos, o lo que es lo mismo, como un conjunto de prácticas argumentativas. Derivado de ello, muchos derechos sociales han pasado de ser meras promesas constitucionales a realidades dotadas de elementos jurídicos y políticos que prefiguran sus difusos contornos.

Sobre la necesaria distinción entre definir derechos y la garantía de los mismos —garantía en la que habría que contextualizar el aspecto económico—, así como la necesaria promoción de reformas tributarias para financiar derechos —porque como es

---

13 *Cfr.* Nash Rojas, Claudio, *La concepción de derechos fundamentales en Latinoamérica,* México, Fontamara, 2010, p. 132.

bien sabido, los derechos fundamentales cuestan y bastante[14]—, si es que se le puede llamar de alguna forma, el ya referido Carlos Elizondo apunta lo siguiente:

> Definir derechos no los garantiza. El simple hecho de asignar por ley recursos tampoco los genera; no resuelve por sí mismo el problema, como a veces se piensa. Se trata de una ficción más, también propia del día de los inocentes. La Constitución está llenada de buenos deseos. Ahora, incluso se ha puesto de moda incorporar en ley cuánto porcentaje del producto interno bruto (PIB), como objetivo de política de gasto, se debe emplear para cumplir con el deseo en cuestión, como es el caso de la educación. Esto no recauda, pero sirve de forma efectiva para la disputa política en la lucha por los recursos presupuestales, por definición limitados. Estos recursos adicionales, además, no están claramente sujetos a mejorar concretas en la provisión de estos derechos. Legislar derechos conjuntamente con recursos debería, en principio, promover reformas fiscales que financien los nuevos derechos, más que promover argumentos para cabildear una mejor tajada de un presupuesto fijo, pero éste no es nuestro caso. Todo aumento presupuestal debiera también estar asociado con una mejor y/o más amplia provisión del servicio público en cuestión.[15]

Reiterando algo ya dicho, los derechos sociales son derechos a prestación pero, igualmente, requieren de otras técnicas de tutela por parte del Estado.[16] En su configuración importa la libertad

---

14 Al respecto, véase la ya clásica obra de Holmes, Stephen y Sunstein, Cass R., *El costo de los derechos. Por qué la libertad depende de los impuestos*, trad. de Stella Mastrangelo, Buenos Aires, Siglo XXI Editores, 2011.

15 Elizondo Mayer-Serra, Carlos, *op. cit.*, p. 147.

16 Dentro de la muy amplia literatura existente sobre derechos sociales, pueden consultarse las siguientes obras: Abramovich, Víctor y Courtis, Christian, *Los derechos sociales como derechos exigibles*, Madrid, Trotta, 2001; *id.*, *El umbral de la ciudadanía. El significado de los derechos sociales en el Estado social constitucional*, Buenos Aires, Editores del Puerto, 2006; Orbegoso Silva, Miluska F., *Derechos fundamentales y prestaciones sociales. Una aproximación desde la teoría de la organización y el procedimiento*, Madrid, Centro de Estudios Políticos y Constitucionales, 2018; Carmona Cuenca, Encarnación, *El Estado social de Derecho en la Constitución*, Madrid, Consejo Económico y Social, 2000; Tamer, Sergio Víctor, *La garantía judicial de los derechos sociales y su legitimidad democrática*, Salamanca, Ra-

pero también la igualdad; en el primer caso, pudiéramos decir que se trata de un asunto de sustancia normativa; mientras tanto, en la segunda perspectiva nos referimos al acceso como elemento concomitante a la efectividad del derecho en cuanto tal. Veamos brevemente por qué.

En un sentido de libertad, la salud se asocia con la posibilidad de albedrío que otorga un buen estado de salud en las personas, o bien, el hecho de que ese mismo albedrío se ejerce también cuan-

---

tio Legis, 2018; Noriega Cantú, Alfonso, *Los derechos sociales: creación de la Revolución de 1910 y de la Constitución de 1917*, México, UNAM, 1988; Entrena Ruiz, Daniel B., *Eficacia administrativa (eficiente) y plenitud de los derechos sociales. La problemática jurídica de las enfermedades poco frecuentes*, Valencia, Tirant lo Blanch, 2018; Carrillo, Marc, "La eficacia de los derechos sociales: entre la Constitución y la ley", *Jueces para la Democracia*, Madrid, núm. 36, noviembre de 1999; Pisarello, Gerardo, *Los derechos sociales y sus garantías. Elementos para una reconstrucción*, Madrid, Trotta, 2007; *id.*, "Los derechos sociales en el constitucionalismo democrático", *Boletín Mexicano de Derecho Comparado*, México, núm. 92, mayo-agosto de 1998; *id.*, "Los derechos sociales en el constitucionalismo moderno: por una articulación compleja de las relaciones entre política y derecho", en Carbonell, Miguel *et al.* (comps.), *Derechos sociales y derechos de las minorías*, 2a. ed., México, Porrúa, UNAM, Instituto de Investigaciones Jurídicas, 2001; *id.*, "Del Estado social tradicional al Estado social constitucional: por una protección compleja de los derechos sociales", *Isonomía*, núm. 15, octubre de 2001; Celi Maldonado, Alejandra, *La interpretación de los derechos sociales por el defensor del pueblo*, Valencia, Tirant lo Blanch, 2018; Alonso Seco, José María, *La política social como realización de derechos sociales*, Valencia, Tirant lo Blanch, 2019; Ferrajoli, Luigi, *El garantismo y la Filosofía del Derecho*, Bogotá, Universidad del Externado de Colombia, 2000; Courtis, Christian, *El mundo prometido. Escritos sobre derechos sociales y derechos humanos*, México, Fontamara, 2009; Abramovich, Víctor *et al* (comps.), *Derechos sociales. Instrucciones de uso*, 1a. reimp., México, Fontamara, 2006; Fazio, Federico, *Teoría principialista de los derechos sociales*, Madrid, Marcial Pons, 2019; García Ramírez, Sergio, *Estudios jurídicos*, México, UNAM, Instituto de Investigaciones Jurídicas, 2000; VV. AA., *Derechos sociales y políticas inclusivas. Propuestas de mejora de la normativa valenciana*, Valencia, Tirant lo Blanch, 2019; Gómez Urquijo, Laura (ed.), *El pilar europeo de derechos sociales: contribución al empleo y al mercado de trabajo europeo*, Pamplona, Aranzadi, 2018.

do algún individuo decide incurrir en alguna conducta potencialmente nociva para su organismo. En un sentido o en otro, se tiene un abanico de posibilidades y un inventario de alternativas acorde con lo que en un mundo libre, si es que cabe la expresión, debe fluir de manera amplia y sostenida. Por eso es que la sustancia normativa tiene mucho que ver con esas decisiones o elecciones que cada mujer o cada hombre toman con independencia de los posibles resultados o consecuencias.

Ahora bien, bajo una premisa de igualdad, el acceso a los servicios de salud que brinda el Estado debe ser equitativo, sin que se vulnere en ningún momento la no discriminación como eje articulador de uno de los servicios públicos más relevantes que tiene a su cargo la autoridad en vía sistemática. El esfuerzo gubernativo debe amplificarse en aras de lograr una categorización institucional adecuada de la salud.

Por virtud de lo anterior, se pone de relieve algo particularmente significativo: una visión liberal, así sea reducida a su mínima expresión, y una óptica social elevada a niveles de amplio rango importan en demasía cuando nos referimos a la salud en general, así como a la salud pública y a la salud privada —valga la expresión— en particular. Lo dicho se lleva al ámbito de la realidad en la que se encauzan los tópicos sanitarios.

En efecto, y al decir de Luigi Ferrajoli,[17] derechos sociales como el derecho a la educación, el derecho a la protección de la salud o el derecho a la subsistencia consisten en expectativas positivas que comprometen desde luego a la esfera pública con obligaciones específicas y concretas de prestación, como serían por ejemplo la educación misma, la asistencia sanitaria, las medidas de previsión y de asistencia, entre otras, lo cual contrasta con el hecho de que los derechos de libertad como el *habeas corpus*, la libertad de prensa, de reunión y de asociación, entrañan en esen-

---

17 *Los derechos y sus garantías. Conversación con Mauro Barberis*, trad. de José Manuel Revuelta, rev. téc. de la trad. de Perfecto Andrés Ibáñez, Madrid, Trotta, 2016, p. 55.

cia expectativas negativas, *i. e.*, inmunidades asociadas o no a facultades, habiendo pues prohibiciones de lesión o limitación para los poderes públicos. Para decirlo de forma diversa y de acuerdo con el propio Ferrajoli:

> Los derechos de libertad imponen pues al Estado un paso atrás, esto es, prohibiciones de intervenir en la esfera de las libertades en garantía de la autodeterminación individual. Los derechos sociales exigen en cambio al Estado un paso adelante, esto es, lo obligan a intervenir en la vida de los ciudadanos para garantizar las correspondientes prestaciones sociales. Por eso hablo de *Estado liberal mínimo* y de *Estado social máximo*. Estas dos fórmulas, no solo no se contraponen, sino que se integran en el paradigma de la democracia constitucional, diseñando ambas en su conjunto lo que he llamado la *esfera de lo no decidible*: de lo <<no decidible que>>, es decir, de cuanto no puede ser decidido en garantía de los derechos de libertad, y de lo <<no decidible que no>>, esto es, de cuanto no puede dejar de ser decidido en garantía de los derechos sociales. En definitiva, a los derechos de libertad le corresponden prohibiciones para el Estado: ninguna mayoría, por aplastante que sea, puede decidir que una persona sea condenada a muerte o privada de la libertad personal sin un proceso, o que se le limiten las demás libertades fundamentales. A los derechos sociales les corresponden, en cambio, por parte de la esfera pública, obligaciones de prestación, como la educación, la sanidad o la previsión social: ninguna mayoría, sea de derechas o de izquierdas, puede decidir no proporcionar a alguien los cuidados sanitarios o la educación elemental.[18]

Las palabras tan lúcidas del pionero del garantismo no pueden pasar desapercibidas si es que se quieren dimensionar y ponderar en su contexto algunos de los desafíos más representativos no sólo del derecho a la protección a la salud sino de los sistemas sanitarios en general. Un paso adelante: así es como ni más ni menos ubicamos a la prerrogativa objeto de nuestras reflexiones. Un involucramiento directo para hacer valer los derechos es una atribución, e incluso yendo más allá, una obligación de las autoridades en el contorno de cualquier Estado constitucional y democrático de Derecho que se precie de serlo.

---

18 *Ibidem*, p. 56.

Si en el constitucionalismo democrático es de remarcar una cuestión de límites al poder público y su distribución entre las y los ciudadanos, cuando estamos hablando de lo sanitario el resultado invariablemente debe consistir en que ninguna apropiación del discurso de salud tiene cabida, ni mucho menos una asunción de las facultades en esta materia con fines particularmente políticos, partidistas o de grupo.

Por tal razón es que existe un federalismo sanitario y un entendimiento de la división de poderes en sentido de coordinación, colaboración, coadyuvancia y equilibrio entre las distintas ramas del poder público —además de la intervención cada vez más decidida de las agencias independientes que no están subordinadas ni al Poder Ejecutivo ni al Poder Legislativo ni al Poder Judicial, que en el caso mexicano corresponderían a los denominados órganos constitucionales autónomos—.

La distribución del poder político entre la ciudadanía, mientras tanto, no debería ser algo eminentemente retórico; todo lo contrario: debe actualizarse por entero. Esto se logra con un empoderamiento de la sociedad civil a partir de la participación ciudadana, el involucramiento en los asuntos colectivos y el ejercicio pleno de los derechos fundamentales.

En el caso de la salud, la exigencia de más y mejores servicios en este tópico, una mejor institucionalidad, hospitales públicos mucho más dignos y el acceso a fármacos y medicamentos es tan sólo un muestrario de lo mucho que se puede llevar a cabo. La educación y el acceso a la información pública son sustanciales para imprimirle una nueva lógica y una nueva dinámica a estos circuitos.

En plena intención de adminicular lo anterior con las expectativas jurídicas y democráticas, es meridianamente claro que los derechos fundamentales reposan detrás de tales limitaciones y controles al poder. El sentido de exigencia tendría que ser atendido en todo momento, pues ello habla además de una ciudadanía caracterizada por ser activa, demandante, crítica, vigilante, consciente, abierta e interesada al cien por ciento en el quehacer colectivo, en la cosa pública.

A la democracia también la podemos entender en el sentido de diálogo entre gobernantes y gobernados, por lo que la generación de consensos y la instauración de deliberaciones sostenidas para lograr un mejor estado de cosas en materia de salud no es algo opcional. Es esencial que en estas acciones dialógicas imperen los valores propios de la razón, la apertura y la tolerancia.

La indisponibilidad de los derechos sociales o su colocación en lo que, acudiendo de nueva cuenta al léxico ferrajoliano sería la "esfera de lo indecidible", claro está, es totalmente aplicable a la salud. Ninguna mayoría, sea de cualquier estrato ideológico, puede determinar que un aspecto de este calado quede en el terreno de la irrealización o, por lo menos, en el ámbito de la pasividad.

Así, resulta imperioso observar que en la narrativa de los derechos sociales y del derecho fundamental a la protección de la salud ha habido un proceso con pasos plenamente diferenciados que, en la mayoría de los casos, ha sido venturosa, reconociendo instrumentos de tutela mucho más legítimos y sobre todo efectivos para que se hable de prerrogativas realmente llevadas a la práctica.

Por último, pero no por ello menos importante, se avizora una ramificación de la democracia sumamente potente y cargada de futuro, no sólo de presente: la democracia sanitaria. Esta pasa indefectiblemente por el tránsito de la noción clásica de las y los pacientes a las y los ciudadanos sanitarios, los cuales están absolutamente comprometidos no sólo con su derecho fundamental a la protección de la salud sino con el sistema político en general, plenamente convencidos de que sólo así llegaremos a tener la salud pública que merecemos, siempre con la dignidad como piedra de toque.

Esto lo retomaremos a su debido momento, sin dejar de tener en consideración que el constitucionalismo sanitario también le impone e imprime un torrente sumamente amplio de deberes a esos nuevos miembros de la sociedad civil que han llegado para quedarse, en los cuales debe darse una participación plena con el entramado público, privado y social en ejercicio de sus derechos fundamentales.

III. EL DERECHO A LA PROTECCIÓN DE LA SALUD Y SUS RELACIONES CON OTROS DERECHOS HUMANOS

El derecho a la protección de la salud resulta esencial como pivote para la vida humana.[19] Es indiscutible la importancia de

---

19 Sobre el derecho a la protección de la salud en general se pueden visualizar, entre muchos otros, los textos que a continuación se refieren: Silva García, Fernando (coord.), *Garantismo judicial: derecho a la salud*, México, Porrúa, 2011; Llamazares, Gaspar *et al.*, *Salud: ¿derecho o negocio? Una defensa de la sanidad pública*, Gijón, Trea, 2020; Fernández Ruiz, Jorge (coord.), *Servicios públicos de salud y temas conexos*, México, Porrúa, UNAM, Facultad de Derecho, 2006; Atienza Macías, Elena y Rodríguez Ayuso, Juan Francisco (dirs.), *Las respuestas del Derecho a las crisis de salud pública*, Madrid, Dykinson, 2020; Manzano García, José Roberto, *El Derecho en la atención a la salud*, pról. de Gustavo Leal Fernández, México, Porrúa, 2006; López Ahumada, José Eduardo, *La tutela transversal del derecho a la salud en el trabajo*, pról. de Francisco Alemán Páez, Madrid, Cinca, 2020; Cano Valle, Fernando, *Derecho a la protección a la salud en América Latina*, México, Centro Interamericano de Estudios de Seguridad Social, 2010; Salamero Teixidó, Laura (coord.), *Retos del derecho a la salud y de la salud pública en el siglo XXI*, Pamplona, Aranzadi, 2020; Villanueva C., Ruth, *Derecho a la protección de la salud de las personas internas en los centros penitenciarios de la República Mexicana*, México, Comisión Nacional de los Derechos Humanos, 2016; Pérez Gálvez, Juan, *Retos y propuestas para el sistema de salud*, Valencia, Tirant lo Blanch, 2019; Brena, Ingrid, *El Derecho y la salud. Temas a reflexionar*, México, UNAM, Instituto de Investigaciones Jurídicas, 2004; *id.* (coord.), *Derecho y salud*, México, El Colegio Nacional, UNAM, Instituto de Investigaciones Jurídicas, 2020; Torres Cazorla, María Isabel y Sánchez Patrón, José Manuel (coords.), *Bioderecho internacional. Derechos humanos, salud pública y medioambiente*, Valencia, Tirant lo Blanch, Universidad de Málaga, 2018; Gallardo García, Rosa María, *Protección jurídica de la vida y salud de los*

este derecho fundamental "como garantía al derecho a la vida",[20] lo cual habla de su evidente interconexión. Es un binomio básico, no obstante que cada una de estas prerrogativas tenga sus propias particularidades para efectos de técnica jurídica, legislativa, constitucional, interpretativa y argumentativa.

Esta cuestión se desarrollará con mayor puntualidad un poco más adelante; en este momento basta subrayar la impronta de eficacia que subyace en la idea de dignidad cuando la pensamos a partir de una vida saludable y de una salud adecuada —valga el juego de palabras—. Vida, salud y dignidad integran una trilogía de postulados que, a su vez, se dimensionan como una sola unidad.

Hoy en día, los vínculos entre todos y cada uno de los derechos humanos se justifican teóricamente, fundacionalmente y fundamentalmente; es decir, hay una explicación teórica, fundacional y de fundamento para insistir siempre que se pueda en la necesaria relación entre el conjunto de los derechos. Asimismo, esto se concibe en el plano de las técnicas de tutela iusfundamental como un argumento poderoso en aras de ejemplificar la incidencia de un derecho en el otro y viceversa.

---

trabajadores, Granada, Comares, 2016; Moctezuma Barragán, Gonzalo, *Derechos de los usuarios de los servicios de salud*, México, UNAM, Instituto de Investigaciones Jurídicas, Cámara de Diputados, LVIII Legislatura, 2000; Tomillo Urbina, Jorge y Cayón de las Cuevas, Joaquín (dirs.), *Derecho y salud como realidades interactivas*, Pamplona, Aranzadi, 2015; Lugo Garfias, María Elena, *El derecho a la salud*, México, Comisión Nacional de los Derechos Humanos, 2015; Pelayo González-Torre, Ángel (coord.), *Problemas actuales de Derecho y salud. Perspectivas desde España y Latinoamérica*, Granada, Comares, 2015; Morales Antoniazzi, Mariela y Clérico, Laura (coords.), *Interamericanización del derecho a la salud. Perspectivas a la luz del caso* Poblete *de la Corte IDH*, Querétaro, Instituto de Estudios Constitucionales del Estado de Querétaro, 2019; Zúñiga Fajuri, Alejandra, *Equidad y derecho a la protección de la salud*, Alcalá de Henares, Universidad Alcalá de Henares, 2014.

20 Pereira Jardim, Lourdes y Heredia Martínez, Henny Luz, "Conjeturas sobre el derecho social y la salud en Venezuela", *Revista Latinoamericana de Derecho Social*, México, núm. 18, enero-junio de 2014, p. 6.

Es menester recordar el texto de la Declaración y Programa de Acción de Viena, aprobados por la Conferencia Mundial de Derechos Humanos el 25 de junio de 1993. Estos documentos preconizan una instancia de ayuda en la ruta de una plena observancia de los principios y axiomas así puntualizados en otros dos textos icónicos en el seno de la comunidad internacional, como son la Carta de las Naciones Unidas y la Declaración Universal de los Derechos Humanos.

Como es bien sabido, la Carta funge como una especie de acta de nacimiento de esa comunidad internacional y de semilla de un potencial gobierno mundial, al tiempo que la Declaración, no obstante que carezca de vinculatoriedad y obligatoriedad jurídica, es quizá el texto con mayor peso moral, filosófico, político y cultural cuando hablamos de derechos fundamentales. En este sentido, ya por ese solo hecho de haber vuelto a impulsar el valor histórico de la Carta y la Declaración, el documento expedido en la capital austriaca y al que ahora aludimos refuerza su hálito fundacional.

En el punto que nos convoca al análisis en estos momentos, la Declaración y Programa de Acción de Viena emitió en su numeral 5 el siguiente principio: "Todos los derechos humanos son universales, indivisibles e interdependientes y están relacionados entre sí".[21] Lejos de faltarle razón a tal aserto, es una muestra incontrovertible de la interrelación que hay entre la totalidad de los derechos fundamentales, lo cual no es algo automático sino fruto incluso de complejos procesos históricos y culturales, considerando de hecho que los derechos humanos son también eso, categorías históricas y culturales que no pueden prescindir de sus procesos de gestación. La génesis de los derechos, en efecto, siempre ayudará a entender las nuevas realidades en que se desdoblan, así

---

[21] Conferencia Mundial de Derechos Humanos, *Declaración y Programa de Acción de Viena*, disponible en https://www.ohchr.org/sites/default/files/Documents/Events/OHCHR20/VDPA_booklet_Spanish.pdf. [En línea: 6 de mayo de 2020].

como a solucionar muchas de las áreas de oportunidad y déficits que puedan llegar a presentar.

La Declaración y Programa de Acción de Viena, además de ser uno de los fundamentos de la universalidad, indivisibilidad, interdependencia e interrelación de los derechos humanos, supuso en su momento un hito por varias razones que es preciso desmenuzar por el valor agregado que le dan a los derechos sociales y al derecho a la protección de la salud como parte medular de aquellos; estas razones son las que a continuación se enuncian:[22]

- Redujo la brecha de aplicabilidad, efectividad y satisfacción de los derechos civiles y políticos, por un lado, y los derechos económicos, sociales y culturales, por el otro. A estos últimos, con posterioridad, se agregarían los derechos de corte ambiental para engrosar la tipología.
- En sincronía con lo anterior, difuminó el sofisma, falacia o yerro histórico y conceptual consistente en que los derechos civiles y políticos prevalecían sobre el resto de prerrogativas esenciales. Luego entonces, puso de su parte para que no tuviera cabida ninguna posibilidad de jerarquización, prelación o división entre derechos fundamentales.
- Se incrustó en la lógica de reforzamiento de las Naciones Unidas como organización encargada de propiciar la paz a nivel internacional, pues aunque ya tenía algunas décadas de haberse integrado, lo cierto es que el fin de la Guerra Fría todavía estaba reciente, con el fantasma del belicismo rondando por todo el planeta y con puntos neurálgicos bien focalizados. Por lo anterior, las Naciones Unidas requerían de ejercicios de legitimidad como éste.

---

22 *Cfr. Idem.* Para profundizar en el tema, puede consultarse Salvioli, Fabián, "La Conferencia de Viena de las Naciones Unidas: esperanzas y frustraciones en materia de derechos humanos", en VV. AA., *Direitos Humanos, a promessa do século XXI,* Porto, Universidade Portucalense, 1997, pp. 19-37.

- Constituyó un ejercicio de democracia deliberativa, pues además de la gran cantidad de personas que intervinieron en ella —alrededor de siete mil participantes—, se dio voz a sectores que usualmente se marginaban de la esfera pública —por ejemplo las mujeres u otros colectivos provenientes del continente africano—.
- Contribuyó a crear una conciencia mundial sobre el sentido, los horizontes y la teleología de los derechos humanos.
- Señaló con rotundidad que el ejercicio de los derechos fundamentales debe estar distanciado de los sistemas políticos, económicos y/o culturales de cada país individualmente considerado.
- Sentó las bases culturales para que otros grandes temas en la agenda global de los derechos humanos se activaran, reactivaran o se pusieran por vez primera en la mesa de análisis, debate y discusión, tales como los derechos de las mujeres, la necesidad de una Corte Penal Internacional, el requerimiento ineludible de una Oficina del Alto Comisionado de las Naciones Unidas para los Derechos Humanos, los pueblos sometidos a ocupación extranjera, los derechos de la niñez, los derechos de los pueblos y comunidades indígenas, la relatividad cultural y universalidad de los derechos, el principio de no intervención, el derecho al desarrollo, la educación en derechos humanos, los mecanismos para protegerlos, el rol de las organizaciones no gubernamentales, etcétera.

No puede haber jerarquías ni prelaciones entre derechos fundamentales, pues lo contrario conduciría a un sesgo en su interpretación directa y aplicación práctica. Si bien es cierto que pueden suscitarse colisiones entre ellos, además de que tienen ciertas condiciones de derrotabilidad, tal situación acontece caso a caso y de momento a momento,[23] sin que ello signifique o implique en modo alguno que un derecho es superior a otro de una vez y para siempre.[24] Lo aquí planteado representa uno de los bastiones de la argumentación jurídica y constitucional contemporánea y, como es posible ver, tiene en los documentos de Viena a uno de sus antecedentes estelares. Hablar de argumentación jurídica y de interpretación constitucional es de tan gran calado que, indubitablemente, es uno de los puntos estelares de la Filosofía del Derecho en nuestros días.

A la luz de lo anterior, sobra ponderar la interrelación entre todos y cada uno de los derechos fundamentales. Sin embargo, tampoco es menor enfatizar que ese vínculo acude a un cruzamiento donde cada prerrogativa debe interpretarse en la tesitura de la complementariedad. Lo anterior es así en razón de que la esfera de un determinado derecho puede vigorizarse en función de su cercanía sustantiva con otro u otros. En efecto, la eficacia de los derechos aumenta, o puede llegar a aumentar en demasía, cuando se entienden de forma orgánica, armónica e intrínseca.

Siguiendo en la misma ruta reflexiva, pasemos ahora a vislumbrar los principales nexos del derecho humano a la protección de la salud con otros derechos fundamentales; sin desdeñar a los que aquí se comentan, es de considerar que la interrelación se da más fuertemente con el derecho a la vida, el derecho al libre desarrollo de la personalidad, la libertad en general, la igualdad, la no discriminación, el derecho a la cultura física y a la práctica del deporte, el derecho a la alimentación nutritiva, suficiente y de calidad, el derecho al agua, el derecho a la educación, el dere-

---

23 A manera de ejemplificación, cuando se argumenta en los tribunales constitucionales un conflicto entre el derecho a la información y el derecho a la privacidad, o bien, entre el presunto derecho a la vida del producto de la concepción y el derecho a la disposición del propio cuerpo de las mujeres.

24 Al respecto, véase Cárdenas Gracia, Jaime, *La argumentación como Derecho,* 4a. reimp., México, UNAM, Instituto de Investigaciones Jurídicas, 2018, pp. 125-154.

cho de acceso a la información pública, el derecho a la vivienda, la generalidad de los derechos sociales y colectivos y la dignidad como idea raíz de los derechos, todos ellos de gran incidencia en nuestra contemporaneidad jurídico-política.

- Derecho a la vida.- Por supuesto que una primera relación se da con el derecho a la vida. Aunque la Corte IDH ha desarrollado jurisprudencialmente el tema sobre todo en sus vínculos con aspectos como la desaparición forzada de personas, las ejecuciones extrajudiciales y la pena de muerte,[25] no por ello deja de tener un impacto particular cuando se le observa a la luz del derecho a la protección de la salud. Y es que aunque parecería una obviedad destacar los paralelismos que tiene la vida con el derecho a la protección de la salud, la realidad es indicativa de que no siempre se tiene presente. Sin un mínimo de salud no hay posibilidades de una vida amplia, digna y en la cual se puedan disfrutar las prerrogativas básicas que tenemos como seres humanos. Es por eso que la salud se configura como un insumo para la vida y entre uno y otro hay un condicionamiento de causa y efecto. Entre mejor nivel de salud haya para las personas, éstas podrán tener una vida más duradera, prolongada y, sobre todo, vivida en condiciones dignas y óptimas. Todo lo aseverado, claro está, nos muestra el rango de humanidad que está implícito en la salud y en la vida concebida bajo un marco de plenitud.

- Derecho al libre desarrollo de la personalidad.- El derecho al libre desarrollo de la personalidad, *per se,* es una de las

---

[25] Sobre estos aspectos y su evolución jurisprudencial en la Corte IDH, véase Saavedra Alessandri, Pablo, "El derecho a la vida en la jurisprudencia de la Corte Interamericana de Derechos Humanos", en Martin, Claudia *et al* (comps.), *Derecho Internacional de los Derechos Humanos,* pról. de Claudio Grossman, 1a. reimp., México, Fontamara, Universidad Iberoamericana, American University, Washington College of Law, Academia de Derechos Humanos y Derecho Internacional Humanitario, 2006, pp. 281-309.

libertades públicas por excelencia en sentido moderno y en clave contemporánea, la cual ha tenido un profuso desarrollo en los últimos tiempos, a sabiendas de que exalta el poder de decisión y elección que a cada persona le asiste. En esta línea argumentativa, para poder decidir y elegir el plan o modelo de vida, las acciones, actividades, conductas y comportamientos de forma legítima, tiene que haber un soporte esencial de carácter físico, mental y emocional, mismo que surge a partir de la salud como figura social que requiere una instrumentalización multifactorial. Ese libre desarrollo de la personalidad implica alternativas para que sea el propio individuo el que determine su proyecto vital, en lo que cabe incluso el novedoso tema de incurrir en conductas potencialmente nocivas para su salud —tales como el consumo de alcohol, tabaco y estupefacientes—, todo ello salvaguardado constitucionalmente y en la esfera internacional. El poder decisional que va implícito con el derecho al libre desarrollo de la personalidad es gran actualidad en la época actual, por lo que es imperioso realizar una búsqueda exhaustiva de mecanismos novedosos para hacerlos valer, lo cual corresponde al Estado y a la sociedad civil.

- Libertad en general.- En plena sintonía con lo anterior, habría que puntualizar de forma clara que la libertad en general, en cuanto albedrío y posibilidad de realizar todo aquello que deseemos sin afectar la esfera de los demás y sin infringir la legislación aplicable, tiene en la salud a uno de sus puntos de inflexión y referencias por excelencia. No estar sometido a la voluntad de terceros y adquirir una plena responsabilidad de los propios actos también se asocia con esta idea. El Estado no puede conculcar la esfera de autonomía de las personas, pues ello conduciría a una lesión invariable de la libertad. Tal libertad, entendida como una no interferencia, obliga a las autoridades a solamente vigilar que no se sobrepase el marco normativo y a no intervenir forma ilegítima en la vida de mujeres y hombres.

- Igualdad.- La igualdad es otro de los prerrequisitos de la salud. La salud debe ejercerse en un marco igualitario, *i. e.*, en contextos donde se de una equidad entre todos los destinatarios de los servicios sanitarios, lo cual también nos lleva a replantear, retomar y reivindicar la idea de la universalidad no sólo como un principio aplicable a todos los derechos fundamentales sino como un motor de propulsión de los mismos. La igualdad en el acceso a los derechos sociales es central en la democracia constitucional de nuestros días y de ello no escapa la salud.

- No discriminación.- En concordancia con la igualdad como vector sustancial por lo que respecta al ejercicio de los derechos, es menester observar que la no discriminación, en materia de salud, adquiere una relevancia indubitable en cuanto tal; en efecto, se constituye como uno de los ejes centrales en su praxiología, si bien es cierto que cuando entra a superficies como las de la bioética orilla a plantear cuestiones insoslayables que incluso pueden aumentar su grado de complejidad; por ejemplo, a cuáles pacientes se tiene qué atender primero en una situación de emergencia sanitaria, por qué motivos y bajo qué circunstancias, atendiendo a razones de edad, condición física, discapacidades o algunas otras.

- Derecho a la cultura física y a la práctica del deporte.- En un aspecto práctico, el derecho a la cultura física y a la práctica del deporte es vital al momento de avizorar una buena salud, pues sin una buena condición física y todo lo que implica —movimiento, activación, adecuado estado del cuerpo y de la mente, por citar sólo algunos ejemplos—, definitivamente habrá una mayor propensión a enfermedades y afecciones de diversa índole. Una cultura física mínima y una práctica deportiva como política del Estado no deben verse ya como algo optativo sino como uno de los factores que determinan para bien o para mal la vida y la salud de las personas. Lo dicho, por supuesto, entra en íntima conexión con el bienestar, la armonía y la plenitud de las personas como objetivos generales a seguir.

- Derecho a la alimentación nutritiva, suficiente y de calidad.- En esa misma perspectiva práctica, el derecho a la alimentación nutritiva, suficiente y de calidad reviste una trascendencia que tampoco puede quedar en el plano de las recomendaciones; antes bien, el Estado debe tener la inventiva suficiente para que en sus planes, programas de acción y políticas públicas se incorpore como es debido una estrategia de promoción de la buena alimentación, mezclándola con la protección de la salud y con la cultura física concretamente hablando. Con todo y ello, es preciso aclarar que la labor de promoción, difusión y divulgación al respecto no corresponde únicamente a las autoridades, pues debe haber un involucramiento decidido, convencido y proactivo de todos los sectores sociales, empezando por la sociedad civil organizada y sus múltiples espacios de actuación.
- Derecho al agua.- El derecho al agua es otro de los puntos a tener en cuenta cuando hablamos de salud. Sin un acceso suficiente a agua potable y a recursos hídricos en condiciones de dignidad, la salud como ideal corre el riesgo de desmoronarse. La escasez de agua, las sequías que azotan al campo y en general el estrés hídrico son situaciones nada menores que deben atenderse con toda la responsabilidad posible a nivel local, nacional e internacional, no sólo por el hecho de que eventualmente pudieran llegar a desencadenar conflictos bélicos sino porque el agua es un recurso natural absolutamente invaluable del cual depende mucho de lo que hacemos en lo personal, en lo familiar y en lo social.
- Derecho a la educación.- El derecho a la educación, en otro orden de ideas, resulta particularmente significativo para la salud, entendiendo que sólo a partir de adecuados procesos educativos puede acaecer y desarrollarse una cultura de la vida saludable, en la que se inmiscuyan todos los colectivos sociales, empezando por esa célula de la sociedad que es la

familia. El eslabón entre educación y salud debe modelarse desde la primera infancia pero no puede perderse de vista ni minimizarse con el transcurso del tiempo; todo lo contrario: debe formar parte del núcleo de la formación integral en todos los niveles educativos, desde los niveles preescolares hasta los universitarios e incluso de posgrado. Si hay una buena educación, habrá impactos sumamente positivos en el cuidado de la salud, coadyuvando así a una mentalidad idónea de lo que ello representa para el desenvolvimiento de nuestras acciones. La educación en derechos humanos, por lo anterior, ha pasado a ser uno de los puntos referenciales en las políticas públicas que se han implementado en muchos países, entendida bajo una óptica de participación, inclusión y cooperación que aspira a crear cultura y conciencia sobre los derechos a partir del pensamiento crítico. Conocer los derechos, ejercerlos y exigirlos a las autoridades es posible si se tiene una vigorosa educación en derechos humanos, en tanto canal comunicativo que propicia esfuerzos institucionales relacionados íntimamente con la democracia y sus aspiraciones.

- Derecho de acceso a la información pública.- El derecho de acceso a la información pública, como es bien sabido, modela mejores gobiernos y mejores sociedades, además de que contribuye eficazmente a la transparencia, la rendición de cuentas y la fiscalización de los gobiernos. Desde un ángulo ciudadano, saber cómo gasta y ejerce el gobierno el presupuesto en materia de salud, cuántos hospitales ha mejorado, construido o remodelado, cuántas médicas, médicos, enfermeras o enfermeros ha contratado, cuáles son las percepciones que tienen, cómo se gestiona el importante tema del abasto de medicamentos, por ejemplo, se entienden no nada más como muestras de contacto entre gobernantes y gobernados sino como todo un ejercicio de escrutinio sobre el quehacer de las autoridades. Aunque puede resultar incómodo para el Estado en algunas de las ocasiones, es imprescindible para llegar a tener en algún momento una democracia sanitaria, un constitucionalismo sanitario y, por ende, una protección de la salud en los hechos. Puede llegar a sonar como un lugar común, pero lo cierto es que la información es poder y, hablando de salud pública como combate a la opacidad, esta aseveración resulta totalmente válida.

- Derecho a la vivienda.- El derecho a la vivienda es otro de los derechos sociales que se han desarrollado como consecuencia de largas luchas, pugnas y conquistas de los sectores más desprotegidos y desaventajados históricamente hablando. Contar con un techo es una necesidad irrefutable de cualquier persona, lo cual eleva su importancia si nos referimos a las clases sociales y estratos económicos más bajos. Un hogar incentiva un buen nivel de salud no sólo porque protege a los individuos de la intemperie, del exceso de frío o de calor o de las inclemencias del tiempo —lluvias torrenciales, tormentas tropicales, ciclones y huracanes, tormentas eléctricas e incluso movimientos sísmicos o telúricos, por mencionar sólo algunos fenómenos naturales—; además, auxilia en la formación de una integridad personal y familiar al tener un espacio físico en donde vivir, dormir, refugiarse y construir un seno de intimidad y privacidad que todos requerimos en algún momento de la vida, con independencia del tipo de familia que decidamos adoptar en pleno ejercicio de nuestro derecho al libre desarrollo de la personalidad. Es por ello que las personas en situación de calle y los "sin techo" siguen siendo una falla de los Estados contemporáneos y, mientras sigan "viviendo" —se entrecomilla este vocablo por obvias razones, ya que vivir sin techo equivale prácticamente a no vivir— bajo esas condiciones, serán una asignatura pendiente en el tránsito a un verdadero, auténtico y genuino Estado de bienestar.

- Generalidad de los derechos sociales y colectivos.- La generalidad de los derechos sociales y colectivos, más allá de si se mencionaron en este breve elenco o inventario de prerrogativas que guardan una profunda relación con la salud, son capitales para la concepción de dicha noción —por ejemplo, el derecho al desarrollo es otro derecho de este tipo que tiene particularidades propias cuando lo escudriñamos a la luz del derecho a la protección de la salud, pues si el desarrollo también se entiende como desarrollo humano, los aspectos sanitarios son más que relevantes; asimismo, el derecho a la seguridad social sería otro ejemplo representativo de área temática que se relaciona con la salud, lo mismo que el derecho a la integridad personal, la libertad de expresión, los derechos sexuales y reproductivos, el acceso a la justicia, el derecho de las mujeres a una vida libre de violencia, los derechos de las personas privadas de su libertad, los derechos de niñas, niños y adolescentes, los derechos de los grupos vulnerables en general o el derecho a un medio ambiente sano—. Asisten a la sociedad y a la colectividad como un todo, por lo que instauran un sentido de integración y de pertenencia si es que nos referimos a un punto de vista sociológico e incluso filosófico. Ahora bien, desde un punto de vista procedimental entrañan la posibilidad de instaurar mecanismos precisamente colectivos para la tutela o defensa de intereses en algunos de los casos difusos, con los cuales se puede llegar a tener una protección más amplia, eficaz y satisfactoria. En los derechos colectivos la titularidad del bien jurídico tutelado no recae como tal en una persona, sujeto o individuo sino en un conglomerado de ellos —pensemos por ejemplo en los pueblos y comunidades indígenas o en otras minorías étnicas, así como en algunos grupos de personas que puedan vivir a las orillas de algún río contaminado—; la perspectiva de grupo adquiere dimensiones insospechadas y el Estado se ve obligado a crear, diseñar y establecer, a partir de las exigencias ciudadanas, jurídicas, académicas e intelectuales, instrumentos de tutela más eficaces para su salvaguarda que vayan en sintonía con un acceso a la justicia sólido.

- Dignidad como idea raíz de los derechos.- Por último, pero no por ello menos importante, no podemos finalizar este veloz recorrido sin referenciar que la dignidad como idea raíz, eje básico y directriz entraña un nexo causal con la salud en sí misma. Haciendo uso de nuestro derecho a la estipulación lingüística, podemos afirmar sin temor a equivocarnos que la salud forma parte indisoluble de la dignidad, entendida ésta muy generalmente como el constructo que nos hace valiosos y que nos dota de humanidad. Llama poderosamente la atención el hecho de que en temas como la eutanasia la dignidad es uno de los argumentos que más se suelen esgrimir por parte de las personas que han decidido practicarla y de aquellas que la defienden como elemento integrador de ese arbitrio y de ese poder de decisión que tenemos en el marco, de nuevo, de nuestras libertades en general y del derecho al libre desarrollo de la personalidad en particular. El expediente de la dignidad encuentra en la salud, así, a uno de sus ejemplos más paradigmáticos e ilustrativos, lo cual no es un asunto menor si recordamos que esa idea de dignidad recorre, ni más ni menos, el sustrato esencial de todos y cada uno de los derechos fundamentales hasta ahora reconocidos. La dignidad, ni duda cabe, inyecta la dosis de humanidad a nuestras libertades básicas.

IV. LA TRASCENDENCIA DEL DERECHO A LA PROTECCIÓN DE LA SALUD

Queda claro que el derecho a la protección de la salud es igual de importante para la agenda del Estado que para los proyectos de vida de cada persona, pero sin lugar a dudas, representa un elemento consustancial a la dinámica social, en tanto condición previa de ejercicio de cualquier actividad. Y es que aunque sea un derecho de naturaleza social, su ejercicio individual nos habla del grado de interés que reviste para toda la humanidad: es una muestra palmaria de la solidaridad como virtud pública, virtud que debe hacerse valer sin condiciones ni tapujos.

En un plano político, importa porque la calidad de una democracia puede medirse empíricamente por la salud de sus individuos, por la mayor o menor presencia de enfermedades, por el mayor o menor control de problemas de salud pública, por la gestión de epidemias y pandemias o por la asignación de recursos a toda la infraestructura sanitaria. La política de salud es torácica en cualquier plan de desarrollo y en todas las actividades que para tales efectos de lleven a cabo.

En lo jurídico, la protección de la salud también nos habla del grado de cultura, prédica y práctica que se tenga sobre el núcleo esencial de los derechos. Que el derecho a la protección de la salud se reconozca en las Constituciones de los Estados nacionales implica que tiene un contenido o significado específico —con independencia del debate cada vez más arcaico[26] sobre la justiciabilidad de los derechos económicos, sociales y culturales—, amén de que dicho contenido o significado debe tanto limitar al legislador para adoptar ciertas leyes como obligarlo a instituir normas específicas.[27] Simultáneamente, el aparato burocrático en materia de salud debe compaginar las mejores prácticas de la gestión pública y la buena gobernanza con los desafíos demográficos que caracterizan a la dinámica poblacional contemporánea, donde el incremento de la natalidad puede ser más o menos sostenido y puede, también, acarrear problemáticas logísticas, programáticas y presupuestarias difíciles de resolver en un primer momento o en una primera aproximación.

En el terreno cultural, la salud como derecho contempla el imperativo de consolidar acciones preventivas y fundacionales en los diversos sectores sociales, sacando provecho de las tecnologías de información y comunicación y de las redes sociales para mantener un acercamiento más eficaz con la ciudadanía, el cual permita

[26] Le llamamos “arcaico” en razón de que las resistencias a considerar a los derechos económicos, sociales y culturales como derechos justiciables y exigibles son cada vez menores.

[27] *Cfr.* Figueroa García-Huidobro, Rodolfo, “El derecho a la salud”, *Estudios Constitucionales,* Talca, año 11, núm. 2, 2013, p. 284.

que los objetivos de una educación en derechos humanos lleguen a buen puerto.

La concepción del derecho a la protección de la salud debe observar una visión tanto igualitaria como libertaria.[28] Tal y como se analizó en su oportunidad, libertad e igualdad fungen como nichos en donde la salud se desarrolla en clave dialógica: el ejercicio del derecho a la salud debe darse de forma libre y su acceso tiene que presentarse de manera igualitaria, a manera de un ciclo con fases plenamente diferenciadas pero igualmente integradas en un patrón que apele a la satisfacción de las demandas sociales sin que la cuestión sanitaria sea un pretexto, impedimento u obstáculo.

La trascendencia del derecho fundamental a la protección de la salud es también de referencia a un bien vital y además intangible para la edificación de un proyecto de vida en condiciones dignas. La intangibilidad aplica tanto en un sentido literal como en uno expansivo. Desde su literalidad, lo intangible es aquello que no puede ser tocado, por lo que se entiende sin ningún problema que la salud tampoco puede ser palpada o invadida por ningún tercero, además de que esa intangibilidad, por igual, tiene que ver con el merecimiento de un valor, un respeto y una serie de condiciones que hagan posible la no alteración y la ausencia de daños concretos. Antes bien, de lo que se trata es de llevar al máximo posible tanto la no interferencia como la accesibilidad y mecanismos de prestación de esta prerrogativa. Es menester hacer un breve apunte sobre cada uno de estos aspectos.

En cuanto a la no interferencia, esto tiene que ver sobre todo con un sentido de la libertad que es plenamente aplicable a la salud. La libertad negativa, que es como también se conoce a la libertad como no interferencia, se pone de relieve en escenarios en los cuales no hay imposiciones arbitrarias de otras personas

---

28 Una aproximación a dichas perspectivas se puede ubicar en Montiel, Lucía, "Derecho a la salud en México. Un análisis desde el debate teórico contemporáneo de la justicia sanitaria", *Revista IIDH*, San José, núm. 40, julio-diciembre de 2004, pp. 291-313.

con respecto a nuestras actividades. El gobierno puede llegar a imponer alguna circunstancia, condición o elemento particular siempre y cuando esté dotado de legitimidad, coherencia y objetividad. En el plano sanitario, por ejemplo, debe hacer todo lo que esté a su alcance para no perjudicarnos por acción u omisión en el ejercicio de sus atribuciones, específicamente en aspectos como el cuidado del medio ambiente, la promoción de una buena alimentación o la práctica deportiva, sólo por aludir a algunos casos particulares. Así pues, la autonomía personal también resalta como ámbito de actuación de una vida saludable. Un proyecto de vida ejercido con total libertad requiere de una buena salud, definitivamente.

Por lo que respecta a la accesibilidad y mecanismos de prestación, el derecho a la protección de la salud adquiere una impronta de intervención positiva que no riñe con la no interferencia referenciada en líneas anteriores. Ello es así en razón de que, al no afectar nuestra salud como una no interferencia, el Estado se involucra a su vez con la satisfacción o el ejercicio pleno de otros derechos que resultan coetáneos para la cuestión sanitaria. En la accesibilidad y mecanismos de prestación se determinan insumos para cubrir una necesidad social de la mayor relevancia como es la salud, lo cual se logra a través de las políticas públicas y de garantías sobre todo económicas, financieras y presupuestales para que no haya falta de servicios sanitarios o que estos se presten de forma insuficiente o poco óptima. Contrariar lo dicho sería propio de un Estado débil, por no decir fallido, además de que evidenciaría una institucionalidad poco robusta.

La intangibilidad desde una perspectiva expansiva en el terreno sanitario toca varios puntos a la vez, los cuales se enuncian a continuación, formando parte de un círculo y un circuito virtuoso:

- No se puede medir.
- No se puede cuantificar.
- Su calificación depende de factores externos e internos.

- Sus condicionamientos se dan en clave local, nacional, internacional y global.
- Su imbricación con la cultura es más que evidente.
- Desarrolla elementos de concientización.
- Ofrece visiones teóricas y prácticas.

Así las cosas, no es una obviedad aseverar que la salud en todas sus vertientes, la física, la mental, la emocional, la espiritual e incluso la social es imprescindible para la vida en lo individual pero también en lo familiar y en un sentido de grupo. No se trata únicamente de evitar enfermedades sino de un estado integral de cosas que abone al desarrollo humano, a la libertad, a la igualdad y a la dignidad.

Hablando del desarrollo humano, es conveniente recordar que este constructo apunta a una transformación profunda del concepto de riqueza, la cual estuvo intrínsecamente ligado al tema económico y de recursos sin mencionar al menos en su superficie al centro, origen y destino de la humanidad que, valga la tautología, es precisamente el ser humano. La génesis de una nueva civilización pasa, ni más ni menos, por colocar en su contexto a esta noción del desarrollo humano.

Una visión antropocéntrica de la riqueza no sólo combate al materialismo filosóficamente hablando sino que obliga a los Estados y a la sociedad civil a impulsar estrategias que vayan en esta ruta. Mujeres y hombres deben ser el epicentro de las políticas públicas y de los derechos humanos, atendiendo a un cúmulo amplio de oportunidades y a un nivel de vida alto como aspiraciones realmente factibles. Y como podemos imaginar, la salud es crucial en la consecución de lo aquí visto.

El desarrollo humano, en función de lo anterior, tiene en la salud a uno de sus ejes rectores y directrices básicas. Su abordaje jurídico-político se torna imperioso para que, en un ejercicio de gobernanza cooperativa entre diversos actores y factores sociales, se construyan propuestas que no escatimen en limitaciones metodológicas sino en las áreas de oportunidad con posibilidades de ser revertidas para el bien de todas las personas. Esas propuestas, como no podría ser de otra manera, deben compaginarse con estrategias normativas que visibilicen al desarrollo humano como un conglomerado de derechos exigibles, entre los cuales destaca por supuesto la salud.

Y es que en la ecuación del desarrollo humano tiene que darse una serie de procesos que posibiliten mejoras consistentes en la calidad de vida de las personas y en una protección amplia de todos los derechos fundamentales. Se ve así a la salud como uno de los pilares y uno de los bastiones que sostienen al desarrollo humano no nada más en una vertiente teórica sino en algo que se aterrice plenamente en la realidad. Si las alternativas y las capacidades de los individuos se potencian en la esencia del desarrollo humano, la trascendencia de un adecuado nivel de salud se explica en sí misma.

Otro ángulo del desarrollo que se conecta plenamente con el desarrollo humano es el desarrollo sostenible, el cual impacta de forma directa o indirecta en términos de salud pública, pues un medio ambiente sano[29] como puente para el bienestar desde luego que redunda en una reivindicación sanitaria dotada de compromisos, responsabilidades, obligaciones y deberes. Un medio ambiente sano, libre de contaminación, por tratar sólo un ejemplo rápido, es capital para una salud integral.

---

[29] No es casual ni gratuito, en este sentido, que casos como el mexicano preconicen al derecho fundamental al medio ambiente como el derecho a un medio ambiente sano para el desarrollo y bienestar. Así lo dispone la Constitución Federal en su artículo 4o., párrafo quinto, cuya literalidad expresa lo siguiente: "Toda persona tiene derecho a un medio ambiente sano para su desarrollo y bienestar. El Estado garantizará el respeto a este derecho. El daño y deterioro ambiental generará responsabilidad para quien lo provoque en términos de lo dispuesto por la ley".

En consonancia con estas ideas, pudiéramos observar un mínimo de contenidos a tener en cuenta cuando nos referimos al desarrollo humano, el desarrollo sostenible y la salud como derecho:

- Concepción del desarrollo desde una multiplicidad de horizontes cognitivos, empezando por el desarrollo personal y pasando por el desarrollo social.
- Nuevo entendimiento del concepto de "riqueza".
- Supeditación de la economía con respecto a la dignidad.
- Exigencia de mantener la importancia del elemento económico pero sin que ello represente una dominación absoluta de esta perspectiva.
- Idea no fragmentada de la solidaridad.
- Vínculos interpersonales asumidos en clave de dignidad.
- Necesidad de un adecuado marco de interacción entre Estado, mercado y sociedad civil en cuanto tal.
- Visualización del medio ambiente en términos de derechos plenamente exigibles pero también de obligaciones, responsabilidades y deberes.
- Colocación de la salud como condición de posibilidad del desarrollo e, igualmente, como un sustrato esencial de su teleología. Para decirlo en otras palabras, funge como medio y como fin.
- Imbricación de la salud con un adecuado nivel de vida *per se.*

Es por lo dicho que la naturaleza del derecho fundamental a la protección de la salud es también integral e integradora, apuntando a una armonía y a una circularidad de directrices que, vistas en su conjunto, apunten a la dignidad ya referida. Resulta integral por acoger una serie de viñetas que, vistas como un todo, robustecen a la salud como fundamento de la vida humana; asimismo, es integradora porque en su seno se van aglutinando más y más características que se aprecian con mayor naturalidad en situaciones de crisis o de emergencia. Los puentes entre entendimiento y realidad cobran inusitadas dimensiones.

La dignidad, debemos decirlo con todas sus letras, es lo que nos hace valiosos como personas y la que nos otorga identidad, perspectiva y sentido humano. Es un principio elemental pero también un postulado, un axioma y una necesidad que debe hacerse valer. De ahí la trascendencia no sólo jurídica sino también política, cultural y social del tema que estamos analizando y de que salte aún más a la vista en coyunturas de dificultades, contrariedades y complicaciones.

Capítulo segundo

El derecho fundamental a la protección de la salud: pautas normativas e interpretativas

I. MARCO NORMATIVO DEL DERECHO A LA PROTECCIÓN DE LA SALUD EN MÉXICO

1. El derecho a la protección de la salud en la Constitución

El derecho a la protección de la salud, según se explicó en el capítulo anterior, forma parte de los derechos sociales así desarrollados en el constitucionalismo contemporáneo —más propiamente hablando, en el constitucionalismo social que fue inaugurado por algunos códigos políticos como la ley fundamental mexicana de 1917—, aunque en el caso de nuestro país tardó algunas décadas en ser preconizado por nuestra Carta Magna. Su proceso de constitucionalización no fue fácil, como tampoco sencilla ha resultado su implementación.

Efectivamente, en México el derecho a la protección de la salud fue reconocido mediante una reforma constitucional publicada en el *Diario Oficial de la Federación* el 3 de febrero de 1983, la cual añadió un nuevo tercer párrafo al artículo 4o. constitucional, para establecer lo siguiente: "Toda persona tiene derecho a la protección de la salud. La ley definirá las bases y modalidades para el acceso a los servicios de salud y establecerá la concurrencia de la Federación y las entidades federativas en materia de salubridad general, conforme a lo que dispone la fracción XVI del artículo 73 de esta Constitución".[30]

Como es viable apreciar, lo primero que se determina es que las personas tenemos derecho "a la protección" de la salud y no una salud en términos más ambiguos, genéricos o vagos. Es decir, se busca una salvaguarda y una garantía plena de la salud en todos los sentidos posibles. La protección de la salud se refiere, pues, al derecho que tiene cualquier individuo a que su bienestar se cuide y ponga a salvo de potenciales peligros, riesgos o amenazas.

Un segundo aspecto relevante de esta disposición constitucional que merece tratarse por separado es el relativo a la definición de una serie de bases y modalidades para poder acceder a los servicios de salud, entendidos estos como toda la infraestructura, recursos, elementos técnicos y funcionales, instalaciones, fármacos, profesionales de la Medicina y todos aquellos factores operacionales para el sistema sanitario.

La tercera cuestión que hay que determinar con claridad a partir de este derecho fundamental es la inherente al federalismo sanitario. La ley de leyes puntualiza que habrá una obligación de que tanto el orden de gobierno federal como el estadual concurran a la materia de salubridad general; mediante una interpretación extensiva, es dable agregar el resto de instancias de gobierno a este sistema de distribución de competencias, *i. e.*, a los municipios —sin dejar de tener en cuenta que la Ciudad de México es también una entidad federativa—, si bien es cierto que la Ley General de Salud pone énfasis en la distribución de competencias sólo entre Federación y entidades federativas.

La concurrencia como elemento del Estado federal —en contraposición a lo que sucedería por ejemplo con un Estado unitario o central— implica que habrá una serie de funciones, atribu-

---

30 Un análisis al respecto puede encontrarse en Soberanes Fernández, José Luis, *Derechos humanos y su protección constitucional*, México, Porrúa, Instituto Mexicano de Derecho Procesal Constitucional, 2012, pp. 131 y ss.

ciones y obligaciones de las que todos los órdenes de gobierno deberían ser partícipes. Efectivamente: por virtud de estas facultades concurrentes, tanto la Federación como las entidades federativas, los municipios y la Ciudad de México pueden llegar a tener competencia en una misma materia; sin embargo, el Congreso de la Unión como depositario del Poder Legislativo será el que marque las modalidades, formas y términos en los que se dará esta distribución funcional. Derivado de lo anterior, en el escenario del federalismo se busca una organización territorial, competencial y funcional en la que, además de una descentralización, se propicien mejores mecanismos para gobernar, se incentive una participación ciudadana mucho más robusta y una cercanía más directa entre gobernantes y gobernados.

El artículo 73 constitucional, como es de explorado derecho, aglutina las facultades con las que cuenta el Congreso de la Unión para legislar en determinadas materias; cada adición de las mismas puede representar una merma en las atribuciones de los congresos locales, lo cual, aunque sea cierto, es bienvenido siempre y cuando esté orientado a una mejor institucionalidad y desahogo de la cosa pública. La distribución competencial, en todo caso, debe estar dirigida al bien común.

En el asunto que llama nuestra atención justo ahora, el referido artículo 73 de la Carta Magna, fracción XVI, preconiza que el Congreso de la Unión tiene facultad "para dictar leyes sobre nacionalidad, condición jurídica de los extranjeros, ciudadanía, naturalización, colonización, emigración e inmigración y salubridad general de la República". Aunque el poder reformador o revisor de la Constitución prefiere utilizar la fórmula lingüística "salubridad general" resulta fácil advertir que se está refiriendo a la salud pública. Este párrafo fue reformado mediante decreto publicado en el *Diario Oficial de la Federación* el 18 de enero de 1934, llamando la atención que hasta ahora no haya sufrido alteración o modificación alguna. El aspecto específico y particular de la salubridad general se complementa con cuatro bases que sin embargo, y al referirse en sí a posibles situaciones de emergencia, las reservamos en su estudio y análisis para el siguiente capítulo.

2. El derecho a la protección de la salud en la ley

La normativa encargada de desarrollar los contenidos de este derecho es la Ley General de Salud —como ley general, distribuye competencias entre los diversos órdenes de gobierno, *i e.*, entre la Federación, las entidades federativas, los municipios y la Ciudad de México, pero es de aplicación en toda la República, por lo que es el instrumento secundario rector en la materia—.[31]

Este cuerpo jurídico representa un vehículo para la concreción de esos contenidos, por lo que su entrada en vigor fue importante, de la misma manera en que lo sigue siendo hoy. De hecho, su artículo 1o. enfatiza que esta normativa reglamenta precisamente el derecho a la protección de la salud, para lo cual establece bases y modalidades de acceso a los servicios de salud y la concurrencia competencial en materia de salubridad general, prácticamente reiterando la redacción del artículo 4o. constitucional en su párrafo tercero, con la salvedad de que agrega al orden público e interés social como principios rectores de la ley.

El artículo 1o. bis proporciona una definición jurídica de salud, misma que es importante en tanto norma definitoria, pues a partir de ella deben interpretarse y aplicarse los alcances de la misma. Así, la salud es entendida, concebida y definida como "un estado de completo bienestar físico, mental y social, y no solamente la ausencia de afecciones o enfermedades". Esta noción se inserta en la lógica internacional del entendimiento de la salud aunque no se incorporan en ella otros elementos importantes del bienestar como el emocional. También sería dable que en el porvenir hiciera suya la conexión con el desarrollo humano.

El artículo 2o. enuncia la teleología del derecho a la protección de la salud en ocho grandes fracciones, las cuales se refieren enseguida al lado de un breve análisis de cada una de ellas:

---

31 Publicada en el *Diario Oficial de la Federación* el 7 de febrero de 1984.

I. *El bienestar físico y mental de la persona, para contribuir al ejercicio pleno de sus capacidades.*- En concordancia con la definición de la salud, se apunta al bienestar físico y mental como una de las principales finalidades de este derecho fundamental. Cuando el legislador, por otra parte, señala que el ejercicio pleno de las capacidades de las personas se conecta indisolublemente con el bienestar, lo que busca es que se ejerzan también todas las potencialidades de los seres humanos en sus múltiples espacios de actuación y desenvolvimiento, lo cual aplica tanto para el entorno individual como para el colectivo.

II. *La prolongación y mejoramiento de la calidad de la vida humana.*- La salud, como ya ha quedado meridianamente claro, está intrínsecamente ligada a la vida; en este sentido, dos son los objetivos particulares que plasma la ley en esta fracción: por un lado, que haya una calidad de vida y no una concepción aislada de la misma, y por otra parte, que esa vida pueda tender hacia su prolongación y mejoramiento. Prolongar y mejorar la vida, por ende, son dos cometidos fundamentales para el Estado, la sociedad civil y los diversos intervinientes sociales, lo cual se puede ver a la luz de algunas fracciones posteriores de este ordinal que aluden, por ejemplo, a la solidaridad y a la responsabilidad.

III. *La protección y el acrecentamiento de los valores que coadyuven a la creación, conservación y disfrute de condiciones de salud que contribuyan al desarrollo social.*- La noción de "desarrollo humano" no se aborda en la definición de salud que ofrece la ley, pero en este tercer propósito se alude a un "desarrollo social" que se ponga en práctica a partir de condiciones de salud creadas, conservadas y disfrutadas específicamente en este caso concreto y para tales efectos. También se habla de la necesidad de proteger y acrecentar valores que coadyuven con todo lo anterior, por lo que aquí hay una referencia indirecta al factor cultural que debe ser central en materia de salud.

IV. *La extensión de actitudes solidarias y responsables de la población en la preservación, conservación, mejoramiento y restauración de la salud.*- En relación con la anterior fracción, aquí se habla de otros dos valores, principios y/o virtudes que deben impulsarse en la política sanitaria: la solidaridad y la responsabilidad. Este par de elementos conceptuales deben formar parte de una *praxis* integral por y para la población, pues de esta forma se preserva, conserva, mejora y restaura la salud como una unidad. La responsabilidad posee un doble entendimiento: uno personal y uno social, y ambos son igualmente trascendentes.

V. *El disfrute de servicios de salud y de asistencia social que satisfagan eficaz y oportunamente las necesidades de la población. Tratándose de personas que carezcan de seguridad social, la prestación gratuita de servicios de salud, medicamentos y demás insumos asociados.*- La institucionalidad en materia de salud y la estructuración de un sistema sanitario óptimo se configuran como los elementos medulares de esta fracción. La ciudadanía, en términos sanitarios, requiere de una serie de servicios de salud y de asistencia social, los cuales deben ser satisfechos bajo dos premisas que dispone la ley: eficacia y oportunidad; además de ellos, habría que enfatizar el requerimiento de incorporar a otras como la eficiencia, la disciplina, la transparencia y la rendición de cuentas.

VI. *El conocimiento para el adecuado aprovechamiento y utilización de los servicios de salud.*- La cultura de derechos fundamentales, la democracia sanitaria y la educación en derechos hacen su aparición aunque sea de manera implícita en esta fracción. Los servicios de salud sólo pueden ser aprovechados y utilizados como es debido a partir de lo que la ley llama el "conocimiento", mismo que debe potenciarse y llevarse al máximo.

VII. *El desarrollo de la enseñanza y la investigación científica y tecnológica para la salud.*- En íntima conexión con la anterior fracción, la salud desde una perspectiva académica, cultural y social tiene como condiciones previas y necesarias a la enseñanza y la investigación. Luego entonces, es una tarea estatal repleta de vericuetos el avance de la salud y el impacto que en ello tienen la ciencia y la tecnología como puntos de innovación.

VIII. *La promoción de la salud y la prevención de las enfermedades.*- Aquí el legislador insiste en la necesidad de reivindicar el factor cultural como estrategia de salud pública proactiva. Promover la salud y prevenir las enfermedades son dos objetivos y, al mismo tiempo, prioridades y tácticas fundamentales de política pública en materia de salud.

Ahora bien, ¿qué es la salubridad general o qué puntos podemos identificar con ella? La misma Ley General de Salud puntualiza una respuesta en su artículo 3o:

I.- La organización, control y vigilancia de la prestación de servicios y de establecimientos de salud a los que se refiere el artículo 34, fracciones I, III y IV, de esta Ley;

II.- La atención médica;

II bis.- La prestación gratuita de los servicios de salud, medicamentos y demás insumos asociados para personas sin seguridad social.

Para efectos del párrafo anterior, y en el caso de las entidades federativas que celebren acuerdos de coordinación en los términos del artículo 77 bis 16 A de esta Ley, los recursos que del artículo 25, fracción II de la Ley de Coordinación Fiscal correspondan a dichas entidades, se entenderán administrados y ejercidos por éstas una vez que los enteren al fideicomiso a que se refiere el citado artículo 77 bis 16 A, en los términos de los referidos acuerdos;

III.- La coordinación, evaluación y seguimiento de los servicios de salud a los que se refiere el artículo 34, fracción II;

IV.- La atención materno-infantil;

IV bis.- El programa de nutrición materno-infantil en los pueblos y comunidades indígenas;

IV bis 1.- La salud visual;

IV bis 2.- La salud auditiva;

IV bis 3.- Salud bucodental;

V.- La planificación familiar;

VI.- La salud mental;

VII.- La organización, coordinación y vigilancia del ejercicio de las actividades profesionales, técnicas y auxiliares para la salud;

VIII.- La promoción de la formación de recursos humanos para la salud;

IX.- La coordinación de la investigación para la salud y el control de ésta en los seres humanos;

IX bis.- El genoma humano;

X.- La información relativa a las condiciones, recursos y servicios de salud en el país;

XI.- La educación para la salud;

XII.- La prevención, orientación, control y vigilancia en materia de nutrición, sobrepeso, obesidad y otros trastornos de la conducta alimentaria, enfermedades respiratorias, enfermedades

cardiovasculares y aquellas atribuibles al tabaquismo;

XIII.- La prevención y el control de los efectos nocivos de los factores ambientales en la salud de la persona;

XIV.- La salud ocupacional y el saneamiento básico;

XV.- La prevención y el control de enfermedades transmisibles;

XV bis.- El Programa Nacional de Prevención, Atención y Control del VIH/SIDA e Infecciones de Transmisión Sexual;

XVI.- La prevención y el control de enfermedades no transmisibles, sindemias y accidentes;

XVI bis.- El diseño, la organización, coordinación y vigilancia del Registro Nacional de Cáncer;

XVII.- La prevención de la discapacidad y la rehabilitación de las personas con discapacidad;

XVIII.- La asistencia social;

XIX.- El programa para la prevención, reducción y tratamiento del uso nocivo del alcohol, la atención del alcoholismo y la prevención de enfermedades derivadas del mismo, así como la protección de la salud de terceros y de la sociedad frente al uso nocivo del alcohol;

XX.- El programa contra el tabaquismo;

XXI.- La prevención del consumo de estupefacientes y psicotrópicos y el programa contra la farmacodependencia;

XXII.- El control sanitario de productos y servicios y de su importación y exportación;
XXIII.- El control sanitario del proceso, uso, mantenimiento, importación, exportación y disposición final de equipos médicos, prótesis, órtesis, ayudas funcionales, agentes de diagnóstico, insumos de uso odontológico, materiales quirúrgicos, de curación y productos higiénicos;

XXIV.- El control sanitario de los establecimientos dedicados al proceso de los productos incluidos en las fracciones XXII y XXIII;

XXV.- El control sanitario de la publicidad de las actividades, productos y servicios a que se refiere esta Ley;

XXVI.- El control sanitario de la disposición de órganos, tejidos y sus componentes y células;

XXVI bis.- El control sanitario de cadáveres de seres humanos;

XXVII.- La sanidad internacional;

XXVII bis.- El tratamiento integral del dolor, y

XXVIII.- Las demás materias que establezca esta Ley y otros ordenamientos legales, de conformidad con el párrafo tercero del Artículo 4o. Constitucional.

Este cardinal dispositivo legal ha sido objeto de diversas transformaciones, adiciones y reenumeraciones, las cuales han modelado la estructura que actualmente tiene; uno de esos cambios legislativos se dio, de hecho, con la reforma a la Constitución General de la República del 10 de junio de 2011 en materia de derechos humanos —que, como es bien sabido, representó un giro de ciento ochenta grados en el entendimiento teórico y práctico de nuestras prerrogativas esenciales—, por lo que debe apreciarse bajo ese contexto particular de nuestra historia jurídica y constitucional reciente. Tal labor hermenéutica corresponde no sólo a jueces y autoridades sino a operadoras, operadores jurídicos y a la sociedad civil en cuanto tal.

Asimismo, si hacemos un acercamiento político, gubernamental y administrativo a este artículo, tendría que verse como un inventario, abanico o elenco mínimo no sólo de submaterias que integran a la salubridad general sino de lo mucho que hay por hacer para satisfacer en los hechos el derecho humano a la protección de la salud. En la misma línea argumentativa, el precepto da cuenta de la amplitud, vastedad, profundidad y diversidad de aspectos que entraña la salud pública en los tiempos que corren, con todo lo que esto trae consigo para efectos de la dinámica intergubernamental y de las expectativas de cumplimiento de demandas que al respecto se tienen.

Desde luego, no sobra recordar que la salud es una materia sumamente dinámica, por lo que más y más elementos se pueden ir incorporando cuando hablemos de las coordenadas de la salubridad general, muchos de ellos provenientes incluso del entorno internacional. A final de cuentas, el Estado debe identificar esos nuevos objetivos y esas nuevas áreas de oportunidad que se presenten a fin de garantizar con mayor amplitud todos los ejes del derecho a la protección de la salud.

Pasando a otros aspectos de la Ley General de Salud que debemos tener presentes cuando nos refiramos a la salud como derecho, un tema inevitable por su impacto es la institucionalidad sanitaria. En este sentido, la normativa que estamos indagando ordena diversos aspectos que adquieren sentido al respecto. Primero señala con claridad que las autoridades sanitarias son el presidente de la República, el Consejo de Salubridad General, la Secretaría de Salud y los gobiernos de las entidades federativas, incluyendo desde luego a la Ciudad de México —la ley sigue haciendo referencia al extinto Distrito Federal— (artículo 4o.).

Después, dedica todo un título de su articulado a desarrollar los pormenores del Sistema Nacional de Salud, el cual se constituye por las dependencias de la administración pública federal y local, así como por las personas físicas y morales tanto del sector público como del sector privado que presten servicios de salud; el objetivo primordial de este sistema es, ni más ni menos, dar cumplimiento al derecho a la protección de la salud (artículo 5o.), y su coordinación recae en la Secretaría del ramo, *i. e.*, la Secretaría de Salud (artículo 7o.).

Para concretar este gran objetivo que se acaba de mencionar, la ley señala en su artículo 6o. que el Sistema Nacional de Salud tiene a su vez otros objetivos más específicos, dentro de los cuales sobresalen: proporcionar servicios de salud a toda la población y mejorar la calidad de los mismos (fracción I), colaborar al bienestar social de la población (fracción III), apoyar el mejoramiento de las condiciones sanitarias del medio ambiente (fracción V), impulsar un sistema racional de administración y desarrollo de los recursos humanos para mejorar la salud (fracción VI), promover un sistema de fomento sanitario que coadyuve al desarrollo de productos y servicios que no sean nocivos para la salud (fracción VIII), promover el desarrollo de los servicios de salud con base en la integración de las tecnologías de información y comunicación para ampliar la cobertura y mejorar la calidad de atención a la salud (fracción IX) y, además, orientar a la población respecto a la importancia de la alimentación nutritiva, suficiente y de calidad, por un lado, y por el otro diseñar y ejecutar políticas públicas sobre este mismo tema particular (fracciones X y XI).

Finalmente, y para efectos de lo que nos interesa resaltar en este punto, la ley determina bases de coordinación por lo que respecta al federalismo sanitario. Efectivamente, el ordenamiento jurídico que nos ocupa dedica el Capítulo II de su Título Segundo a la distribución de competencias en materia de salubridad general; es el artículo 13 el que trifurca esta distribución competencial dictando atribuciones-obligaciones para la Federación —por conducto del Poder Ejecutivo Federal a través de la Secretaría de Salud, destacando por ejemplo la promoción y programación tanto del alcance como de las modalidades del Sistema Nacional de Salud, la coordinación del mismo o la evaluación general de la prestación de servicios de salud—, los gobiernos de las entidades federativas —en donde por ejemplo se tiene la formulación y desarrollo de programas locales de salud, el llevar a cabo los programas y acciones que en materia de salubridad local les competan y vigilar el cumplimiento de la ley en la esfera de su competencia— y para ambos órdenes de gobierno —siendo los temas en este sentido: prevención del consumo de narcóticos, atención a las adicciones y persecución de los delitos contra la salud—.

En este mismo marco del federalismo sanitario, la ley dispone que otras autoridades tendrán competencia en el tópico, tales como el Consejo de Salubridad General (artículo 17), la Comisión Federal para la Protección contra Riesgos Sanitarios (artículo 17 bis), así como estructuras administrativas que resulten como consecuencia de acuerdos de coordinación específicos entre la Federación y las entidades federativas (artículos 19 y 20). El Consejo de Salubridad General, entre otras cosas, analiza las disposiciones legales en materia de salud, de suyo importante para la consecución del derecho a la protección de la salud; la Comisión Federal para la Protección contra Riesgos Sanitarios propone la política nacional en este tema particular; y las estructuras administrativas aludidas, de llegar a constituirse, vigilarán la aplicación de principios, normas oficiales mexicanas y procedimientos uniformes.

Además de lo anterior, existen en el sistema jurídico mexicano diversas legislaciones sobre grupos vulnerables, desaventajados y minorías particulares en las cuales se reconoce el derecho a la protección de la salud, las cuales son:

- Ley General de los Derechos de Niñas, Niños y Adolescentes:[32] el artículo 13 en su fracción IX dispone que uno de los derechos de niñas, niños y adolescentes es el derecho a la protección de la salud, asociándolo con la seguridad social.
- Ley General para la Igualdad entre Mujeres y Hombres:[33] el artículo 17 ordena que la política nacional en materia de igualdad debe fomentar ésta en todos los ámbitos de la vida: económico, político, saludable, social y cultural (fracción I), y que se deben incluir en la formulación, desarrollo y evaluación de políticas, estrategias y programas de salud, mecanismos para atender necesidades tanto de mujeres como de hombres en materia de salud (fracción XI).
- Ley General de Acceso de las Mujeres a una Vida Libre de Violencia:[34] ésta es otra normativa que directa o indirectamente se refiere al derecho a la protección de la salud de las mujeres; el artículo 35 estipula que para prevenir, atender, sancionar y erradicar la violencia contra las mujeres, las medidas que lleve a cabo el Estado deben darse sin discriminación alguna y, entre otras cosas, considerar la condición de salud en el acceso a las políticas públicas; a su vez, el artículo 46 establece que la Secretaría de Salud debe diseñar con perspectiva de género la política de prevención, atención

[32] Publicada en el *Diario Oficial de la Federación* el 4 de diciembre de 2014.
[33] Publicada en el *Diario Oficial de la Federación* el 2 de agosto de 2006.
[34] Publicada en el *Diario Oficial de la Federación* el 1 de febrero de 2007.

y erradicación de la violencia contra las mujeres, todo ello en el marco de la política de salud integral de las mujeres.

- Ley del Instituto Nacional de los Pueblos Indígenas:[35] el artículo 4o. indica que una de las atribuciones y funciones de este organismo es promover e impulsar, en coordinación con el Sistema Nacional de Salud, el acceso de los pueblos indígenas y afromexicano y sus integrantes a los servicios de salud sin discriminación alguna y con pertinencia cultural, lingüística y de género (fracción XLIII).
- Ley General para la Inclusión de las Personas con Discapacidad:[36] el artículo 7o. le impone a la Secretaría de Salud el deber de promover el derecho de las personas con discapacidad a gozar del más alto nivel posible de salud, rehabilitación y habilitación sin discriminación por motivos de discapacidad a través de programas y servicios diseñados con criterios de calidad, especialización, género, gratuidad o precio asequible.
- Ley General para la Atención y Protección a Personas con la Condición del Espectro Autista:[37] el artículo 10 reconoce como uno de los derechos fundamentales de las personas con la condición del espectro autista y/o de sus familias, contar con los cuidados apropiados para su salud mental y física, con acceso a tratamientos y medicamentos de calidad administrados oportunamente, y tomando las medidas y precauciones necesarias (fracción VII), así como ser inscritos en el Sistema de Protección Social en Salud (fracción VIII).
- Ley de los Derechos de las Personas Adultas Mayores:[38] el artículo 5o. garantiza el derecho de las personas adultas mayores a la protección de la salud, a cuyos servicios tendrán

---

35 Publicada en el *Diario Oficial de la Federación* el 4 de diciembre de 2018.
36 Publicada en el *Diario Oficial de la Federación* el 30 de mayo de 2011.
37 Publicada en el *Diario Oficial de la Federación* el 30 de abril de 2015.
38 Publicada en el *Diario Oficial de la Federación* el 25 de junio de 2002.

acceso preferente, con el objeto de que gocen cabalmente del derecho a su sexualidad, bienestar físico, mental y psicoemocional (fracción III, inciso b); asimismo, se reconoce su derecho a recibir orientación y capacitación en materia de salud, nutrición e higiene, y a todo aquello que favorezca su cuidado personal (fracción III, inciso c).

Otros cuerpos normativos a tener en cuenta cuando hablamos de la salud como derecho en un ámbito más práctico son la Ley de los Institutos Nacionales de Salud, la Ley del Seguro Social y la Ley del Instituto de Seguridad y Servicios Sociales de los Trabajadores del Estado. Veamos sus generalidades en términos de impacto y relación directa con el derecho fundamental motivo de nuestro estudio, insistiendo en que en su funcionalidad podemos atisbar un elemento de realidad social, pues, sobre todo con las dos últimas normativas mencionadas, la población mexicana asiste en muchas de las ocasiones a ejercer, con todo y sus insuficiencias, el derecho a la protección de la salud.

- Ley de los Institutos Nacionales de Salud:[39] regula la organización y funcionamiento de los mismos, además de que fomenta la investigación, enseñanza y prestación de servicios realizados en ellos (artículo 1o.). Dichas dependencias[40]

---

39 Publicada en el *Diario Oficial de la Federación* el 26 de mayo de 2000.

40 El artículo 5 de esta ley señala cuáles son estos institutos, cuya naturaleza jurídica es la de organismos descentralizados: Instituto Nacional de Cancerología, Instituto Nacional de Cardiología Ignacio Chávez, Instituto Nacional de Ciencias Médicas y Nutrición Salvador Zubirán, Instituto Nacional de Enfermedades Respiratorias Ismael Cosío Villegas, Instituto Nacional de Geriatría, Instituto Nacional de Neurología y Neurocirugía Manuel Velasco Suárez, Instituto Nacional de Medicina Genómica, Instituto Nacional de Pediatría, Instituto Nacional de Perinatología Isidro Espinosa de los Reyes, Instituto Nacional de Psiquiatría Ramón de la Fuente Muñiz, Instituto Nacional de Rehabilitación Luis Guillermo Ibarra Ibarra, Instituto Nacional de Salud Pública y Hospital Infantil de México Federico Gómez, con la posibilidad de que en un futuro puedan ser creadas otras dependencias del mismo tipo mediante ley o decreto específico del Congreso de la Unión.

realizan estudios e investigaciones clínicas, experimentales, de desarrollo tecnológico y básicas, en las áreas biomédicas y sociomédicas en el campo de sus especialidades, para la comprensión, prevención, diagnóstico y tratamiento de las enfermedades, así como para promover medidas de salud (artículo 6o.).

- Ley del Seguro Social:[41] determina que la seguridad social tiene como finalidad garantizar, entre otras cosas, el derecho a la salud, siendo igualmente relevantes aspectos como la asistencia médica y la protección de medios de subsistencia y servicios sociales necesarios para el bienestar (artículo 2o.). En la seguridad social, el instrumento básico es el Seguro Social (artículo 4o.), el cual es organizado y administrado por un organismo público descentralizado con personalidad jurídica y patrimonio propios, de integración operativa tripartita —porque en ella concurren el sector público, el sector privado y el sector social—, denominado "Instituto Mexicano del Seguro Social" (artículo 5o.). Los derechohabientes son todas aquellas personas que tengan vigente su derecho a recibir las prestaciones de ley (artículo 5 A).
- Ley del Instituto de Seguridad y Servicios Sociales de los Trabajadores del Estado:[42] resulta aplicable a las dependencias, entidades, trabajadores al servicio civil, pensionados y familiares derechohabientes de la Presidencia de la República las Dependencias y Entidades de la Administración Pública Federal, incluyendo al propio Instituto; ambas cámaras del Congreso de la Unión, incluidos los diputados y senadores, así como los Trabajadores de la Entidad de Fiscalización Superior de la Federación; el Poder Judicial de la Federación, incluyendo a los ministros de la Suprema Corte de Justicia de la Nación, magistrados y jueces, así como consejeros del Consejo de la Judicatura Federal; los órganos jurisdicciona-

[41] Publicada en el *Diario Oficial de la Federación* el 21 de diciembre de 1995.

[42] Publicada en el *Diario Oficial de la Federación* el 31 de marzo de 2007.

les autónomos; los órganos con autonomía por disposición constitucional; el Gobierno de la Ciudad de México, sus órganos político administrativos, sus órganos autónomos, sus Dependencias y Entidades, y los gobiernos de las demás entidades federativas de la República, los poderes legislativos y judiciales locales, las administraciones públicas municipales, y sus trabajadores (artículo 1o.). Se establece la obligatoriedad, en lo que nos interesa, del seguro en materia de salud, el cual comprende atención médica preventiva, atención médica curativa y de maternidad, y rehabilitación física y mental (artículo 3o.).

3. El derecho a la protección de la salud en la jurisprudencia

Ahora es turno de recuperar algo de la labor exegética que se ha hecho por parte del Poder Judicial de la Federación en la temática que nos concierne, la cual resulta crucial para concebir su operatividad práctica. En términos jurisprudenciales, se pueden citar criterios como los siguientes si se indaga en la interpretación que los órganos jurisdiccionales de nuestro país han efectuado al respecto:

Suprema Corte de Justicia de la Nación

Registro digital: 2019358

Instancia: Primera Sala

Décima Época

Materias(s): Constitucional

Tesis: 1a./J. 8/2019 (10a.)

Fuente: Gaceta del Semanario Judicial de la Federación. Libro 63, Febrero de 2019, Tomo I, página 486

Tipo: Jurisprudencia

DERECHO A LA PROTECCIÓN DE LA SALUD. DIMENSIONES INDIVIDUAL Y SOCIAL.

La protección de la salud es un objetivo que el Estado puede perseguir legítimamente, toda vez que se trata de un derecho fundamental reconocido en el artículo 4o. constitucional, en el cual se establece expresamente que toda persona tiene derecho a la protección de la salud. Al respecto, no hay que perder de vista que este derecho tiene una proyección tanto individual o personal, como una pública o social. Respecto a la protección a la salud de las personas en lo individual, el derecho a la salud se traduce en la obtención de un determinado bienestar general integrado por el estado físico, mental, emocional y social de la persona, del que deriva otro derecho fundamental, consistente en el derecho a la integridad físico-psicológica. De ahí que resulta evidente que el Estado tiene un interés constitucional en procurarles a las personas en lo individual un adecuado estado de salud y bienestar. Por otro lado, la faceta social o pública del derecho a la salud consiste en el deber del Estado de atender los problemas de salud que afectan a la sociedad en general, así como en establecer los mecanismos necesarios para que todas las personas tengan acceso a los servicios de salud. Lo anterior comprende el deber de emprender las acciones necesarias para alcanzar ese fin, tales como el desarrollo de políticas públicas, controles de calidad de los servicios de salud, identificación de los principales problemas que afecten la salud pública del conglomerado social, entre otras.

Amparo en revisión 237/2014. Josefina Ricaño Bandala y otros. 4 de noviembre de 2015. Mayoría de cuatro votos de los Ministros Arturo Zaldívar Lelo de Larrea, José Ramón Cossío Díaz, quien formuló voto concurrente, Olga Sánchez Cordero de García Villegas y Alfredo Gutiérrez Ortiz Mena, quien formuló voto concurrente. Disidente: Jorge Mario Pardo Rebolledo, quien formuló voto particular. Ponente: Arturo Zaldívar Lelo de Larrea. Secretarios: Arturo Bárcena Zubieta y Ana María Ibarra Olguín.

Amparo en revisión 1115/2017. Ulrich Richter Morales. 11 de abril de 2018. Mayoría de cuatro votos de los Ministros Arturo Zaldívar Lelo de Larrea, José Ramón Cossío Díaz, quien formuló voto concurrente, Alfredo Gutiérrez Ortiz Mena, quien formuló voto concurrente y Norma Lucía Piña Hernández, quien reservó su derecho para formular voto concurrente. Disidente: Jorge Mario Pardo Rebolledo, quien formuló voto particular. Ponente: Jorge Mario Pardo Rebolledo. Secretario: Guillermo Pablo López Andrade.

Amparo en revisión 623/2017. Armando Ríos Piter. 13 de junio de 2018. Mayoría de cuatro votos de los Ministros Arturo Zaldívar Lelo de Larrea, José Ramón Cossío Díaz, quien formuló voto concurrente, Alfredo Gutiérrez Ortiz Mena y Norma Lucía Piña Hernández, quien reservó su derecho para formular voto concurrente. Disidente: Jorge Mario Pardo Rebolledo, quien formuló voto particular. Ponente: José Ramón Cossío Díaz. Secretaria: Luz Helena Orozco y Villa.

Amparo en revisión 548/2018. María Josefina Santacruz González y otro. 31 de octubre de 2018. Mayoría de cuatro votos de los Ministros Arturo Zaldívar Lelo de Larrea, José Ramón Cossío Díaz, Alfredo Gutiérrez Ortiz Mena y Norma Lucía Piña Hernández. Disidente: Jorge Mario Pardo Rebolledo, quien formuló voto particular. Ponente: Arturo Zaldívar Lelo de Larrea. Secretarios: Arturo Bárcena Zubieta y José Ignacio Morales Simón.

Amparo en revisión 547/2018. Zara Ashely Snapp Hartman y otros. 31 de octubre de 2018. Mayoría de cuatro votos de los Ministros Arturo Zaldívar Lelo de Larrea, José Ramón Cossío Díaz, Alfredo Gutiérrez Ortiz Mena y Norma Lucía Piña Hernández. Disidente: Jorge Mario Pardo Rebolledo, quien formuló voto particular. Ponente: Norma Lucía Piña Hernández. Secretario: Alejandro González Piña.

Tesis de jurisprudencia 8/2019 (10a.). Aprobada por la Primera Sala de este Alto Tribunal, en sesión privada de trece de febrero de dos mil diecinueve.

Esta tesis se publicó el viernes 22 de febrero de 2019 a las 10:24 horas en el Semanario Judicial de la Federación y, por ende, se considera de aplicación obligatoria a partir del lunes 25 de febrero de 2019, para los efectos previstos en el punto séptimo del Acuerdo General Plenario 19/2013.

El anterior criterio da cuenta de la doble naturaleza del derecho a la protección de la salud, pues por un lado representa una prerrogativa de cada individuo en particular, mientras que por el otro se refiere a un derecho de toda la sociedad en sentido colectivo, bajo una idea de grupo que impone al Estado una serie de atribuciones y obligaciones específicas para lograr su materialización.

Suprema Corte de Justicia de la Nación

Registro digital: 2015427

Instancia: Tribunales Colegiados de Circuito

Décima Época

Materias(s): Constitucional

Tesis: I.8o.A.6 CS (10a.)

Fuente: Gaceta del Semanario Judicial de la Federación. Libro 47, Octubre de 2017, Tomo IV, página 2431

Tipo: Aislada

DERECHO A LA PROTECCIÓN DE LA SALUD. SU TUTELA SE ENCUENTRA PLENAMENTE SATISFECHA POR LOS ARTÍCULOS 4o. DE LA CONSTITUCIÓN FEDERAL; 2o., 23, 24, FRACCIÓN I, 27, FRACCIONES III, IV, VIII Y X, 28, 29, 32 Y 33 DE LA LEY GENERAL DE SALUD, POR LO QUE ES INNECESARIO CONSIDERAR EL CONTENIDO DE LOS TRATADOS O INSTRUMENTOS INTERNACIONALES AL RESPECTO.

En la jurisprudencia 2a./J. 172/2012 (10a.), la Segunda Sala de la Suprema Corte de Justicia de la Nación, sostuvo que es innecesario considerar el contenido de los tratados o instrumentos internacionales que formen parte del orden jurídico nacional, si al analizar los derechos humanos que se estiman violados, es suficiente la previsión que al respecto contenga la Constitución Política de los Estados Unidos Mexicanos y, por tanto, basta el estudio que se realice del precepto de la Norma Suprema que los prevea, para determinar la constitucionalidad o no del acto reclamado. Por su parte, los artículos 2o., 23, 24, fracción I, 27, fracciones III, IV, VIII y X, 28, 29, 32 y 33 de la Ley General de Salud, prevén el derecho a la protección de la salud, contenido en el artículo 4o., cuarto párrafo, de la Constitución Federal y señalan como sus finalidades, el bienestar físico y mental de la persona, así como la prolongación y el mejoramiento de la calidad de la vida humana, para lo cual, reconocen el disfrute de los servicios de salud para satisfacer las necesidades de la población a través de acciones dirigidas a proteger, promover y restaurar la salud de las personas mediante la atención médica, que comprende actividades preventivas, curativas y las relativas a optimizar las capacidades y funciones de las personas con discapacidad, así como garantizar la existencia y disponibilidad permanentes de medicamentos y otros insumos esenciales, para la población que los requiera; de ahí que la tutela del derecho mencionado se encuentra plenamente satisfecha por la normativa nacional citada. Por tanto, es innecesario considerar el contenido de los tratados o instrumentos internacionales al respecto.

OCTAVO TRIBUNAL COLEGIADO EN MATERIA ADMINISTRATIVA DEL PRIMER CIRCUITO.

Amparo en revisión 422/2015. Moisés Martínez Segovia y otra. 14 de abril de 2016. Unanimidad de votos. Ponente: María Guadalupe Saucedo Zavala. Secretaria: Jessica Maldonado Lobo.

Nota: La tesis de jurisprudencia 2a./J. 172/2012 (10a.), de rubro: "DERECHOS HUMANOS. SU ESTUDIO A PARTIR DE LA REFORMA AL ARTÍCULO 1o. CONSTITUCIONAL, PUBLICADA EN EL DIARIO OFICIAL DE LA FEDERACIÓN EL 10 DE JUNIO DE 2011, NO IMPLICA NECESARIAMENTE QUE SE ACUDA A LOS PREVISTOS EN INSTRUMENTOS INTERNACIONALES, SI RESULTA SUFICIENTE LA PREVISIÓN QUE CONTENGA LA CONSTITUCIÓN POLÍTICA DE LOS ESTADOS UNIDOS MEXICANOS." citada, aparece publicada en el Semanario Judicial de la Federación y su Gaceta, Décima Época, Libro XVII, Tomo 2, febrero de 2013, página 1049.

Esta tesis se publicó el viernes 27 de octubre de 2017 a las 10:37 horas en el Semanario Judicial de la Federación.

La pauta interpretativa que se acaba de citar es un tanto controvertida cuando señala que en la tutela del derecho a la protección de la salud basta con lo que determina la legislación mexicana, empezando por la Constitución. Sin embargo, no tiene en cuenta que los tratados internacionales en materia de derechos humanos refuerzan, fortalecen y fortifican la esencia del conjunto de los derechos, por lo que no sobra aludir a sus importantes contenidos en cualquier momento y bajo cualquier circunstancia, redondeando la protección que pueda llegar a brindar la normativa interna.

Suprema Corte de Justicia de la Nación

Registro digital: 167543

Instancia: Tribunales Colegiados de Circuito

Novena Época

Materias(s): Administrativa

Tesis: I.7o.A.620 A

Fuente: Semanario Judicial de la Federación y su Gaceta. Tomo XXIX, Abril de 2009, página 1873

Tipo: Aislada

CONTROL DEL TABACO. LA PRUEBA PERICIAL MÉDICA ES UN MEDIO DE CONVICCIÓN CONDUCENTE EN EL JUICIO DE AMPARO INDIRECTO EN QUE SE CONTROVIERTA LA CONSTITUCIONALIDAD DE ORDENAMIENTOS QUE REGULAN DI-

CHA MATERIA, SI SU FINALIDAD ES DEMOSTRAR CUESTIONES RELACIONADAS CON LA CIENCIA MÉDICA SOBRE TEMAS RELATIVOS A LAS CONSECUENCIAS EN EL SER HUMANO POR EL CONSUMO DIRECTO E INDIRECTO DEL MENCIONADO PRODUCTO, ASÍ COMO LA EFECTIVIDAD DE LAS POLÍTICAS PÚBLICAS PARA LA SALVAGUARDA DEL DERECHO A LA PROTECCIÓN DE LA SALUD.

El artículo 4o., párrafo tercero, de la Constitución Política de los Estados Unidos Mexicanos protege el derecho fundamental a la protección de la salud, el cual involucra la creación de normas jurídicas y la implantación de medidas administrativas con el objeto de poner en práctica programas gubernamentales con aspiraciones concretas sobre su efectivo ejercicio, para lo cual se confieren atribuciones a los órganos estatales en distintos ordenamientos legislativos, por ejemplo, respecto del control del consumo e inhalación de productos del tabaco, así como de la divulgación de información sanitaria para el fomento a la educación sobre la prevención de enfermedades originadas por esas actividades, adoptadas por los particulares intencional o involuntariamente. Por otra parte, el Constituyente empleó un concepto jurídico indeterminado al introducir en el texto del citado precepto el vocablo "salud", además de haber establecido un principio programático vinculado con la obligación del Estado de adoptar las medidas necesarias para proteger la salud de las personas. En esas condiciones, la prueba pericial médica es un medio de convicción conducente en el juicio de amparo indirecto en que se controvierta la constitucionalidad de ordenamientos que regulan el control del tabaco, cuando su finalidad sea demostrar cuestiones relacionadas con la ciencia médica sobre temas relativos a las consecuencias en el ser humano por el consumo directo e indirecto del tabaco, este último, a través de la inhalación del humo originado por la combustión del mencionado producto por terceros, así como la efectividad de las políticas públicas para la salvaguarda del referido derecho. Lo anterior se justifica por la necesidad de darle contenido al mandato constitucional, a través de la incorporación al juicio de garantías de la información que permita al juzgador adoptar la decisión que resuelva el conflicto sometido a su consideración con apoyo en la opinión de especialistas y verificar la eficacia de las comentadas políticas estatales.

SÉPTIMO TRIBUNAL COLEGIADO EN MATERIA ADMINISTRATIVA DEL PRIMER CIRCUITO.

Queja 108/2008. Jorge Francisco Balderas Woolrich. 4 de marzo de 2009. Unanimidad de votos. Ponente: F. Javier Mijangos Navarro. Secretario: Gustavo Naranjo Espinosa.

El anterior fallo es interesante porque menciona el papel de las políticas públicas como instrumento para salvaguardar el derecho a la protección de la salud, lo cual se focaliza a un punto particular que tiene que ver con el bienestar o la falta del mismo, como es el consumo directo e indirecto del tabaco. Al ser el cariz político de los derechos sociales, no puede desdeñarse el papel de las políticas públicas.

Suprema Corte de Justicia de la Nación

Registro digital: 2022301

Instancia: Tribunales Colegiados de Circuito

Décima Época

Materias(s): Constitucional, Administrativa

Tesis: I.4o.A.200 A (10a.)

Fuente: Gaceta del Semanario Judicial de la Federación. Libro 79, Octubre de 2020, Tomo III, página 1838

Tipo: Aislada

MEDICAMENTOS DEL CUADRO BÁSICO Y CATÁLOGO DE INSUMOS DEL SECTOR SALUD. EL EJERCICIO DE LA FACULTAD DISCRECIONAL DEL INSTITUTO MEXICANO DEL SEGURO SOCIAL (IMSS) SOBRE CUÁLES COMPRAR, DEBE GARANTIZAR EL DERECHO A LA SALUD DE SUS DERECHOHABIENTES, MEDIANTE EL SUMINISTRO DE LOS MEDICAMENTOS RECONOCIDOS COMO INDISPENSABLES PARA EL TRATAMIENTO DE SUS ENFERMEDADES.

Hechos: El Instituto Mexicano del Seguro Social (IMSS) negó a uno de sus derechohabientes el suministro de un medicamento, reconocido por los médicos del propio organismo como indispensable para el tratamiento de su enfermedad, porque a pesar de estar contenido en el Cuadro Básico y Catálogo de Insumos del Sector Salud, no lo estaba en el Cuadro Básico de Medicamentos de dicha institución. Inconforme con lo anterior, el paciente acudió al juicio de amparo, en el cual, la Juez del conocimiento otorgó la protección de la Justicia Federal para el efecto de que se le proporcionara. Inconforme con lo resuelto, la autoridad responsable interpuso el recurso de revisión, en el cual, entre otras cuestiones, argumentó que la adquisición del medicamento solicitado tendría un impacto económico elevado, en perjuicio de sus demás obligaciones, e invocó como fundamento de su decisión el artículo 50 del Reglamento Interior de la Comisión Interinstitucional del Cuadro Básico y Catálogo de Insumos del Sector Salud, que le confiere la facultad de decidir qué medicamentos comprar, en función de lo que dispongan sus políticas institucionales, el impacto y disponibilidad financieros correspondientes.

Criterio Jurídico: Este Tribunal Colegiado de Circuito establece que el ejercicio de la facultad discrecional del IMSS para decidir qué medicamentos del Cuadro Básico y Catálogo de Insumos del Sector Salud comprar, en función de lo que dispongan sus políticas institucionales, el impacto y disponibilidad financieros correspondientes, no debe tener como resultado una deficiente e insuficiente atención médica a sus derechohabientes sino, por el contrario, debe responder a la consecución de sus finalidades, como lo es garantizar el derecho a la salud de éstos, lo que incluye el suministro de los medicamentos considerados por los médicos del instituto como indispensables para el tratamiento de sus enfermedades.

Justificación: La discrecionalidad administrativa consiste en que el legislador confiere a determinadas autoridades, mediante una norma habilitante, la consecución de ciertos fines o consecuencias, pero sin describir y menos detallar los medios para conseguirlo, implicando que el órgano facultado disponga de libertad creativa para elegir o diseñar los medios que se estimen más adecuados –mérito y oportunidad–. Tal función debe ejercerse con eficacia, razonabilidad y acorde con el fin previsto en la norma habilitante o valores y principios de los derechos fundamentales, que gobiernan la creación y operación del orden jurídico en su conjunto. El resultado debe ser orientar los recursos disponibles con la máxima eficiencia para el cumplimiento de la máxima expansividad y eficacia de los derechos fundamentales; de ahí que las deficiencias o impertinencias en políticas públicas, como es la regulación o limitación a los medicamentos que no se encuentren en el cuadro básico, no pueden ser razones válidas para restringir o anular discrecionalmente el núcleo mínimo de los derechos fundamentales, como lo son la vida y la salud, que los Jueces se encuentran obligados a proteger, en acatamiento al artículo 1o. de la Constitución Política de los Estados Unidos Mexicanos.

CUARTO TRIBUNAL COLEGIADO EN MATERIA ADMINISTRATIVA DEL PRIMER CIRCUITO.

Amparo en revisión 84/2020. Subdirectora Médica del Hospital General de Zona No. 48, dependiente de la Delegación Norte del Distrito Federal del Instituto Mexicano del Seguro Social. 22 de septiembre de 2020. Unanimidad de votos. Ponente: Jean Claude Tron Petit. Secretarios: Aideé Pineda Núñez y Rogelio Pérez Ballesteros.

Esta tesis se publicó el viernes 23 de octubre de 2020 a las 10:33 horas en el Semanario Judicial de la Federación.

Esta resolución alude a uno de los múltiples lados prácticos del derecho a la protección de la salud, por así llamarlos o denominarlos, como resulta ser el de los fármacos o medicamentos necesarios para proteger esta prerrogativa de la población. En efecto, hay medicinas que resultan ser prioritarias para la lucha contra las enfermedades, por lo que debe imperar un sentido de responsabilidad social al momento de su suministro.

Suprema Corte de Justicia de la Nación

Registro digital: 2020589

Instancia: Segunda Sala

Décima Época

Materias(s): Constitucional, Administrativa

Tesis: 2a. LVIII/2019 (10a.)

Fuente: Gaceta del Semanario Judicial de la Federación. Libro 70, Septiembre de 2019, Tomo I, página 420

Tipo: Aislada

DERECHO A LA SALUD MENTAL. DEBE PROTEGERSE DE MANERA INTEGRAL Y ELLO INCLUYE, CUANDO MENOS, EL SUMINISTRO DE MEDICAMENTOS BÁSICOS PARA SU TRATAMIENTO.

Del análisis conjunto de los artículos 4o. de la Constitución Política de los Estados Unidos Mexicanos y 12, numeral 2, inciso d), del Pacto Internacional de Derechos Económicos, Sociales y Culturales se desprende que el Estado mexicano se encuentra obligado a crear las condiciones que aseguren a todas las personas la asistencia médica y servicios médicos en casos de enfermedad. Asimismo, se advierte que una cuestión fundamental e inherente a la debida protección del derecho a la salud es que los servicios se presten de manera integral, lo que implica que se debe proporcionar un tratamiento adecuado y completo. En este sentido, la debida protección del derecho a la salud incluye, cuando menos, el suministro de medicamentos básicos. Por otra parte, bajo la premisa de que la Constitución Política de los Estados Unidos Mexicanos y los tratados internacionales de los que el Estado mexicano es parte otorgan el mismo tratamiento normativo a la protección de la salud física y la mental, se puede concluir que el Estado está obligado a prestar los servicios de salud mental de manera integral y, específicamente, a suministrar los medicamentos básicos necesarios para su tratamiento.

Amparo en revisión 251/2016. Javier Ezra González Gómez. 15 de mayo de 2019. Unanimidad de cuatro votos de los Ministros Alberto Pérez Dayán, José Fernando Franco González Salas, Yasmín Esquivel Mossa y Javier Laynez Potisek. Impedido: Eduardo Medina Mora I. Ponente: Javier Laynez Potisek. Secretario: José Omar Hernández Salgado.

Esta tesis se publicó el viernes 13 de septiembre de 2019 a las 10:22 horas en el Semanario Judicial de la Federación.

Esta determinación hermenéutica se relaciona directamente con la que que acabamos de mencionar, en el sentido de que el suministro de medicamentos básicos es crucial para la protección integral de la salud y, desde luego, de una de sus caras más relevantes, como resulta ser la salud mental. Los servicios de salud deben ser prestados bajo el principio de exhaustividad; de ahí la importancia de los fármacos elementales.

Suprema Corte de Justicia de la Nación

Registro digital: 2014025

Instancia: Tribunales Colegiados de Circuito

Décima Época

Materias(s): Común, Laboral

Tesis: (VIII Región)2o.16 L (10a.)

Fuente: Gaceta del Semanario Judicial de la Federación. Libro 40, Marzo de 2017, Tomo IV, página 2660

Tipo: Aislada

DERECHO A LA SALUD. AL SER DE NATURALEZA PRESTACIONAL, EL ESTADO DEBE REALIZAR UNA ADECUADA SUPERVISIÓN DE LA ASISTENCIA MÉDICA OTORGADA, POR LO QUE EL TRATAMIENTO QUE SE INICIE CON MOTIVO DE LA SUSPENSIÓN CONCEDIDA EN EL AMPARO, NO ES SUFICIENTE PARA SOBRESEER O NEGAR LA PROTECCIÓN CONSTITUCIONAL AL QUEJOSO.

Cuando el quejoso reclama una violación al derecho a la salud, previsto en el artículo 4o., cuarto párrafo, de la Constitución Política de los Estados Unidos Mexicanos por la omisión de que se le brinde un tratamiento médico, y en el juicio de amparo respectivo se concede la suspensión de plano y luego la definitiva, para que la autoridad responsable cumpla con su obligación de otorgar el servicio médico requerido, no puede considerarse en la sentencia que no existe violación que reparar, por la sola circunstancia de que ya se esté otorgando dicho tratamiento. Esto es así, pues debe analizarse el material probatorio que obra en autos para determinar si el cumplimiento de esa prestación como obligación por parte del Estado de garantizar a la población las condiciones adecuadas para proteger la salud física, mental, emocional y social, fue realizada en respeto a ese derecho humano en sí mismo, o únicamente en acatamiento a la suspensión decretada por el Juez Federal, ya que no debe perderse de vista que los efectos de esta medida sólo permanecen hasta que se dicte resolución en el juicio principal, por lo que no tiene un efecto definitivo. De no atenderse esta circunstancia, el sobreseimiento o la negativa de la protección constitucional solicitada dejaría sin efectos la suspensión concedida en el juicio de amparo, con el riesgo de que al no haber un pronunciamiento firme y definitivo sobre el derecho humano en cuestión, se deja a la discrecionalidad de la autoridad el continuar o no brindando el servicio médico solicitado. Lo anterior, si se considera que los Estados no sólo tienen la obligación de respetar, absteniéndose de negar el acceso o de dar el tratamiento médico solicitado, pues al tratarse de un derecho de naturaleza prestacional está sujeto a la obligación de hacer del Estado -realizar una adecuada prestación y supervisión de la asistencia médica-, ello bajo los principios de universalidad y progresividad.

SEGUNDO TRIBUNAL COLEGIADO DE CIRCUITO DEL CENTRO AUXILIAR DE LA OCTAVA REGIÓN.

Amparo en revisión 204/2016 (cuaderno auxiliar 1034/2016) del índice del Tribunal Colegiado en Materias de Trabajo y Administrativa del Décimo Cuarto Circuito, con apoyo del Segundo Tribunal Colegiado de Circuito del Centro Auxiliar de la Octava Región, con residencia en Mérida, Yucatán. 14 de diciembre de 2016. Unanimidad de votos. Ponente: Mayra González Solís. Secretaria: Cruz Belén Martínez de los Santos.

Nota:

Esta tesis fue objeto de la denuncia relativa a la contradicción de tesis 1/2021, del Pleno del Decimocuarto Circuito, de la que derivó la tesis PC.XIV. J/1 K (11a.) de título y subtítulo: "CESACIÓN DE EFECTOS EN EL AMPARO. NO SE ACTUALIZA DICHA CAUSA DE IMPROCEDENCIA EN LOS JUICIOS DE AMPARO CONTRA ACTOS DE NATURALEZA PRESTACIONAL CONTINUADA QUE GARANTICEN, ENTRE OTROS, EL DERECHO A LA SALUD, A LA VIDA O A LA INTEGRIDAD PERSONAL, CUANDO LA AUTORIDAD RESPONSABLE REALICE ACTUACIONES EN CUMPLIMIENTO DE LA SUSPENSIÓN OTORGADA, SINO QUE, DE NO ADVERTIR DIVERSA CAUSA DE IMPROCEDENCIA, EL JUZGADOR DEBERÁ REALIZAR UN PRONUNCIAMIENTO DE FONDO RESPECTO DE LOS DERECHOS ALEGADOS EN LA SENTENCIA DEFINITIVA RESPECTIVA.".

Por ejecutoria del 8 de septiembre de 2021, la Primera Sala declaró inexistente la contradicción de tesis 144/2021, derivada de la denuncia de la que fue objeto el criterio contenido en esta tesis.

Esta tesis es objeto de la denuncia relativa a la contradicción de criterios 163/2022, pendiente de resolverse por el Pleno de la Suprema Corte de Justicia de la Nación.

Esta tesis se publicó el viernes 24 de marzo de 2017 a las 10:27 horas en el Semanario Judicial de la Federación.

En lo que se acaba de observar, se reivindica la naturaleza jurídica de los derechos sociales en general y del derecho a la protección de la salud en particular como derechos a prestación o derechos prestacionales, lo cual implica un quehacer positivo y un involucramiento directo por parte del Estado para llegar a una satisfacción plena de los mismos en todos los sentidos.

Suprema Corte de Justicia de la Nación

Registro digital: 2010420

Instancia: Primera Sala

Décima Época

Materias(s): Constitucional

Tesis: 1a. CCCXLIII/2015 (10a.)

Fuente: Gaceta del Semanario Judicial de la Federación. Libro 24, Noviembre de 2015, Tomo I

, página 969

Tipo: Aislada

DERECHO A LA SALUD. ALGUNAS FORMAS EN QUE LAS AUTORIDADES DEBEN REPARAR SU VIOLACIÓN.

Cuando en un caso concreto esté directamente vinculado el derecho a la salud y exista una determinación de la vulneración de aquél, el juzgador tiene que, en efecto, buscar, dentro de sus respectivas competencias y atendiendo al caso concreto, ordenar las reparaciones pertinentes. Así, la protección del derecho a la salud supone la regulación de los servicios de salud en el ámbito interno, así como la implementación de una serie de mecanismos tendientes a tutelar la efectividad de dicha regulación. Algunas de las reparaciones que se pudieran dar en estos supuestos, de conformidad con el parámetro de regularidad constitucional, son: i) establecer un marco normativo adecuado que regule la prestación de servicios de salud, estableciendo estándares de calidad para las instituciones públicas y privadas, que permita prevenir cualquier amenaza de vulneración a la integridad personal en dichas prestaciones; ii) las autoridades deben prever mecanismos de supervisión y fiscalización estatal de las instituciones de salud, así como procedimientos de tutela administrativa y judicial para la presunta víctima, cuya efectividad dependerá, en definitiva, de la puesta en práctica que la administración competente realice al respecto; iii) cuando hay una lesión clara a la integridad de la persona, como es la mala práctica médica, las autoridades políticas, administrativas y especialmente judiciales, deben asegurar e implementar la expedición razonable y prontitud en la resolución del caso; iv) tomar todas las medidas necesarias para salvaguardar el derecho humano al nivel más alto posible de salud; v) otorgar servicios de salud de calidad en todas sus formas y niveles, entendiendo calidad como que sean apropiados médica y científicamente. Cuando en un caso concreto esté directamente vinculado el derecho a la salud y exista una determinación de la vulneración de aquél, el juzgador tiene que buscar, dentro de sus respectivas competencias y atendiendo al caso concreto, ordenar las reparaciones pertinentes.

Amparo en revisión 476/2014. 22 de abril de 2015. Cinco votos de los Ministros Arturo Zaldívar Lelo de Larrea, José Ramón Cossío Díaz, Jorge Mario Pardo Rebolledo, Olga Sánchez Cordero de

García Villegas y Alfredo Gutiérrez Ortiz Mena. Ponente: Alfredo Gutiérrez Ortiz Mena. Secretaria: Karla I. Quintana Osuna.

Esta tesis se publicó el viernes 13 de noviembre de 2015 a las 10:06 horas en el Semanario Judicial de la Federación.

La interpretación que antecede da cuenta de un aspecto primordial no sólo para el derecho a la protección de la salud o para los derechos sociales sino para la totalidad de los derechos fundamentales, como es la reparación en el caso de su violación, quebrantamiento o conculcación. Refiriéndonos a la salud como derecho, debe haber armonización legislativa, fiscalización de las instituciones sanitarias, prontitud en la resolución de los casos y, en general, tomar todas las medidas pertinentes para su salvaguarda.

Suprema Corte de Justicia de la Nación

Registro digital: 2004683

Instancia: Tribunales Colegiados de Circuito

Décima Época

Materias(s): Constitucional, Administrativa

Tesis: I.4o.A.86 A (10a.)

Fuente: Semanario Judicial de la Federación y su Gaceta. Libro XXV, Octubre de 2013, Tomo 3, página 1759

Tipo: Aislada

DERECHO A LA SALUD. FORMA DE CUMPLIR CON LA OBSERVACIÓN GENERAL NÚMERO 14 DEL COMITÉ DE LOS DERECHOS SOCIALES Y CULTURALES DE LA ORGANIZACIÓN DE LAS NACIONES UNIDAS, PARA GARANTIZAR SU DISFRUTE.

El Estado Mexicano suscribió convenios internacionales que muestran el consenso internacional en torno a la importancia de garantizar, al más alto nivel, ciertas pretensiones relacionadas con el disfrute del derecho a la salud, y existen documentos que las desarrollan en términos de su contenido y alcance. Uno de los más importantes es la Observación General Número 14 del Comité de los Derechos Sociales y Culturales de la Organización de las Naciones Unidas, organismo encargado de monitorear el cumplimiento de los compromisos asumidos por los Estados firmantes del Pacto Internacional de Derechos Económicos, Sociales y Culturales, del cual México es parte y el que, esencialmente, consagra la obligación de proteger, respetar y cumplir progresivamente el derecho a la salud y no admitir medidas regresivas en su perjuicio, absteniéndose de denegar su acceso, garantizándolo en igualdad de condiciones y sin condicionamiento alguno, debiendo reconocer en sus ordenamientos jurídicos, políticas y planes detallados para su ejercicio, tomando, al mismo tiempo, medidas que faciliten el acceso de la población a los servicios de salud, es decir, este ordenamiento incluye no solamente la obligación estatal de respetar, sino también la de proteger y cumplir o favorecer este derecho. En estas condiciones, ese cumplimiento requiere que los Estados reconozcan suficientemente el derecho a la salud en sus sistemas políticos y ordenamientos jurídicos nacionales, de preferencia mediante la aplicación de leyes, adoptando una política nacional de salud acompañada de un plan detallado para su ejercicio, cuando menos en un mínimo vital que permita la eficacia y garantía de otros derechos, y emprendan actividades para promover, mantener y restablecer la salud de la población, entre las que figuran, fomentar el reconocimiento de los factores que contribuyen al logro de resultados positivos en materia de salud; verbigracia, la realización de investigaciones y el suministro de información, velar porque el Estado cumpla sus obligaciones en lo referente a la difusión de información apropiada acerca de la forma de vivir y de alimentación sanas, así como de las prácticas tradicionales nocivas y la disponibilidad de servicios, al igual que apoyar a las personas a adoptar, con conocimiento de causa, decisiones por lo que respecta a su salud.

CUARTO TRIBUNAL COLEGIADO EN MATERIA ADMINISTRATIVA DEL PRIMER CIRCUITO.

Amparo en revisión 19/2013. Juan de la Paz Jiménez y otro. 30 de mayo de 2013. Unanimidad de votos. Ponente: Jesús Antonio Nazar Sevilla. Secretaria: Ángela Alvarado Morales.

Nota: Por ejecutoria del 23 de noviembre de 2016, la Segunda Sala declaró inexistente la contradicción de tesis 120/2016 derivada de la denuncia de la que fue objeto el criterio contenido en esta tesis, al estimarse que no son discrepantes los criterios materia de la denuncia respectiva.

En su exégesis, el intérprete constitucional señala que la armonización legislativa en materia del derecho a la protección de la salud y una política nacional en la materia tendrían que ser un binomio indisoluble para cumplir con la Observación General número 14 del Comité de los Derechos Sociales y Culturales de las

Naciones Unidas como elemento central del constitucionalismo sanitario.

> Suprema Corte de Justicia de la Nación
>
> Registro digital: 165826
>
> Instancia: Pleno
>
> Novena Época
>
> Materias(s): Constitucional
>
> Tesis: P. LXVIII/2009
>
> Fuente: Semanario Judicial de la Federación y su Gaceta. Tomo XXX, Diciembre de 2009, página 6
>
> Tipo: Aislada
>
> DERECHO A LA SALUD. NO SE LIMITA AL ASPECTO FÍSICO, SINO QUE SE TRADUCE EN LA OBTENCIÓN DE UN DETERMINADO BIENESTAR GENERAL.
>
> El referido derecho, contenido en el artículo 4o. de la Constitución Política de los Estados Unidos Mexicanos y reconocido en diversos tratados internacionales suscritos por México, no se limita a la salud física del individuo, es decir, a no padecer, o bien, a prevenir y tratar una enfermedad, sino que atento a la propia naturaleza humana, va más allá, en tanto comprende aspectos externos e internos, como el buen estado mental y emocional del individuo. De ahí que el derecho a la salud se traduzca en la obtención de un determinado bienestar general integrado por el estado físico, mental, emocional y social de la persona, del que deriva un derecho fundamental más, consistente en el derecho a la integridad físico-psicológica.
>
> Amparo directo 6/2008. 6 de enero de 2009. Once votos. Ponente: Sergio A. Valls Hernández. Secretaria: Laura García Velasco.
>
> El Tribunal Pleno, el diecinueve de octubre en curso, aprobó, con el número LXVIII/2009, la tesis aislada que antecede. México, Distrito Federal, a diecinueve de octubre de dos mil nueve.

De forma expansiva y procurando la protección más amplia para las personas, este criterio postula que la salud no debe reducirse al elemento eminentemente físico sino que, antes bien, de lo que se trata es de procurar un bienestar general e integral en donde concurren elementos externos e internos, los cuales tienen la misma importancia para lograr los objetivos planteados. Incluso, habla del estado emocional de las personas y de otra prerrogativa: el derecho a la integridad físico-psicológica.

Suprema Corte de Justicia de la Nación

Registro digital: 169316

Instancia: Primera Sala

Novena Época

Materias(s): Constitucional, Administrativa

Tesis: 1a. LXV/2008

Fuente: Semanario Judicial de la Federación y su Gaceta. Tomo XXVIII, Julio de 2008, página 457

Tipo: Aislada

DERECHO A LA SALUD. SU REGULACIÓN EN EL ARTÍCULO 4o. DE LA CONSTITUCIÓN POLÍTICA DE LOS ESTADOS UNIDOS MEXICANOS Y SU COMPLEMENTARIEDAD CON LOS TRATADOS INTERNACIONALES EN MATERIA DE DERECHOS HUMANOS.

Este Alto Tribunal ha señalado que el derecho a la protección de la salud previsto en el citado precepto constitucional tiene, entre otras finalidades, la de garantizar el disfrute de servicios de salud y de asistencia social que satisfagan las necesidades de la población, y que por servicios de salud se entienden las acciones dirigidas a proteger, promover y restaurar la salud de la persona y de la colectividad. Así, lo anterior es compatible con varios instrumentos internacionales de derechos humanos, entre los que destacan el apartado 1 del artículo 25 de la Declaración Universal de los Derechos Humanos, que señala que toda persona tiene derecho a un nivel de vida adecuado que le asegure, así como a su familia, la salud y el bienestar y en especial la alimentación, el vestido, la vivienda, la asistencia médica y los servicios sociales necesarios; el artículo 12 del Pacto Internacional de Derechos Económicos, Sociales y Culturales, que alude al derecho de toda persona al disfrute del más alto nivel posible de salud física y mental, y refiere que los Estados deben adoptar medidas para asegurar la plena efectividad de este derecho; y el artículo 10 del Protocolo Adicional a la Convención Americana sobre Derechos Humanos en materia de Derechos Económicos, Sociales y Culturales "Protocolo de San Salvador", según el cual toda persona tiene derecho a la salud, entendida como el disfrute del más alto nivel de bienestar físico, mental y social. En ese sentido y en congruencia con lo establecido por el Comité de Derechos Económicos, Sociales y Culturales de las Naciones Unidas, el derecho a la salud debe entenderse como una garantía fundamental e indispensable para el ejercicio de los demás derechos humanos y no sólo como el derecho a estar sano. Así, el derecho a la salud entraña libertades y derechos, entre las primeras, la relativa a controlar la salud y el cuerpo, con inclusión de la libertad sexual y genésica, y el derecho a no padecer injerencias, torturas, tratamientos o experimentos médicos no consensuales; y entre los derechos, el relativo a un sistema de protección de la salud que brinde a las personas oportunidades iguales para disfrutar del más alto nivel posible de salud. Asimismo, la protección del derecho a la salud incluye, entre otras, las obligaciones de adoptar leyes u otras medidas para velar por el acceso igual a la atención de la salud y los servicios relacionados con ella; vigilar que la privatización del sector de la salud no represente una amenaza para la disponibilidad, accesibilidad, aceptabilidad y calidad de los servicios; controlar la comercialización de equipo médico y medicamentos por terceros, y asegurar que los facultativos y otros profesionales de la salud reúnan las condiciones necesarias de educación y experiencia; de ahí que el derecho a la salud debe entenderse como un derecho al disfrute de toda una gama de facilidades, bienes, servicios y condiciones necesarios para alcanzar el más alto nivel posible de salud.

Amparo en revisión 173/2008. Yaritza Lissete Reséndiz Estrada. 30 de abril de 2008. Cinco votos. Ponente: José Ramón Cossío Díaz. Secretaria: Dolores Rueda Aguilar.

Por lo visto, aquí hay una tesis que reivindica lo contrario a la que veíamos con anterioridad sobre el papel de los tratados internacionales en materia de derechos humanos en el instante mismo de su interpretación, entendimiento y concepción. La compatibilidad entonces del derecho a la protección de la salud con los instrumentos supranacionales no sólo es posible sino deseable.

Suprema Corte de Justicia de la Nación

Registro digital: 2022890

Instancia: Primera Sala

Décima Época

Materias(s): Constitucional

Tesis: 1a. XIII/2021 (10a.)

Fuente: Gaceta del Semanario Judicial de la Federación. Libro 84, Marzo de 2021, Tomo II, página 1225

Tipo: Aislada

DERECHO HUMANO A LA SALUD. LA ASISTENCIA MÉDICA Y EL TRATAMIENTO A LOS PACIENTES USUARIOS DE ALGUNA INSTITUCIÓN QUE INTEGRE EL SISTEMA NACIONAL DE SALUD, DEBEN GARANTIZARSE DE FORMA OPORTUNA, PERMANENTE Y CONSTANTE.

Hechos: Una persona promovió juicio de amparo indirecto en contra de la omisión de un Hospital Regional del Instituto Mexicano del Seguro Social (IMSS) de entregarle oportunamente el medicamento que requiere para el control de la enfermedad que padece.

Criterio jurídico: La Primera Sala de la Suprema Corte de Justicia de la Nación determina que las autoridades del Estado que se encuentren directamente obligadas a garantizar el derecho humano a la salud deben brindar asistencia médica y tratamiento a sus pacientes usuarios de forma oportuna, permanente y constante; este último, además, debe ser entregado tomando en cuenta su estado de salud, así como sus requerimientos médicos y clínicos, tomando particular importancia cuando se trata de padecimientos en los que el éxito del tratamiento dependa, principalmente, del óptimo cumplimiento en la toma de medicamentos, es decir, en aquellos casos en los que la adherencia deficiente al tratamiento sea determinante para la progresión de la enfermedad.

Justificación: Ello, pues la lucha contra las enfermedades, en términos amplios, representa la práctica de esfuerzos individuales y colectivos del Estado para facilitar la creación de condiciones que aseguren a las personas asistencia y servicios médicos, lo cual no se limita al acceso igual y oportuno a los servicios de salud básicos preventivos, curativos y de rehabilitación, sino también al tratamiento apropiado de enfermedades, afecciones, lesiones y discapacidades. Esto como parte del estándar de protección del derecho humano a la salud, reconocido en los artículos 4o., párrafo cuarto, de la Constitución Política de los Estados Unidos Mexicanos, 25 de la Declaración Universal de los Derechos Humanos, 12 del Pacto Internacional de Derechos Económicos, Sociales y Culturales, 5 de la Convención Internacional sobre la Eliminación de todas las Formas de Discriminación Racial, 11 y 12 de la Convención sobre la Eliminación de todas las formas de Discriminación contra la Mujer y 24 de la Convención sobre los Derechos del Niño.

Amparo en revisión 226/2020. 11 de noviembre de 2020. Cinco votos de las Ministras Norma Lucía Piña Hernández, quien reservó su derecho para formular voto concurrente, Ana Margarita Ríos Farjat, y los Ministros Jorge Mario Pardo Rebolledo, Alfredo Gutiérrez Ortiz Mena y Juan Luis González Alcántara Carrancá. Ponente: Juan Luis González Alcántara Carrancá. Secretarios: Pablo Francisco Muñoz Díaz y Fernando Sosa Pastrana.

Amparo en revisión 227/2020. 11 de noviembre de 2020. Cinco votos de las Ministras Norma Lucía Piña Hernández, quien reservó su derecho para formular voto concurrente, Ana Margarita Ríos Farjat, y los Ministros Jorge Mario Pardo Rebolledo, Alfredo Gutiérrez Ortiz Mena y Juan Luis González Alcántara Carrancá. Ponente: Ana Margarita Ríos Farjat. Secretario: Juan Jaime González Varas.

Esta tesis se publicó el viernes 26 de marzo de 2021 a las 10:29 horas en el Semanario Judicial de la Federación.

Al tenor de lo expuesto, son tres los principios que deben observarse en términos de asistencia médica y tratamiento a los pacientes en el Sistema Nacional de Salud: oportunidad, permanencia y constancia. Forman una trilogía de directrices fundamentales para la dirección, programación y ejecución de la política sanitaria con perspectiva de derechos humanos y apuntando siempre a la idea de la dignidad.

Suprema Corte de Justicia de la Nación

Registro digital: 2022889

Instancia: Primera Sala

Décima Época

Materias(s): Constitucional

Tesis: 1a. XV/2021 (10a.)

Fuente: Gaceta del Semanario Judicial de la Federación. Libro 84, Marzo de 2021, Tomo II, página 1224

Tipo: Aislada

DERECHO HUMANO A LA SALUD. EL ESTADO TIENE LA OBLIGACIÓN DE ADOPTAR TODAS LAS MEDIDAS NECESARIAS HASTA EL MÁXIMO DE LOS RECURSOS DE QUE DISPONGA PARA LOGRAR PROGRESIVAMENTE SU PLENA EFECTIVIDAD.

Hechos: Una persona promovió juicio de amparo indirecto en contra de la omisión de un Hospital Regional del Instituto Mexicano del Seguro Social (IMSS) de entregarle oportunamente el medicamento que requiere para el control de la enfermedad que padece el cual, por su parte, se limitó a justificar esa falta de entrega por la inexistencia física del medicamento.

Criterio jurídico: La Primera Sala de la Suprema Corte de Justicia de la Nación determina que en aras de garantizar el derecho humano a la salud, el Estado debe adoptar las medidas necesarias, hasta el máximo de los recursos de que disponga, para lograr progresivamente, por todos los medios apropiados, su plena efectividad. En esa tesitura, tiene la carga de la prueba de demostrar que realizó el esfuerzo para utilizar todos los recursos que están a su disposición para satisfacer, con carácter prioritario, sus obligaciones mínimas requeridas en materia de salud.

Justificación: Lo anterior, en virtud de la diferencia entre la "incapacidad" y la "renuencia" del Estado a cumplir con dicha garantía, en atención a que la "incapacidad" del Estado para garantizar el derecho humano a la salud parte de su obligación de adoptar las medidas necesarias, hasta el máximo de los recursos de que disponga, o bien, justificar que se ha hecho todo lo posible por utilizar todos los recursos de que dispone para garantizar ese derecho; mientras que la "renuencia" del Estado se presenta cuando no está dispuesto a utilizar el máximo de los recursos de que disponga para dar efectividad al derecho a la salud, violando entonces las obligaciones que ha contraído en virtud del artículo 12 del Pacto Internacional de Derechos Económicos, Sociales y Culturales. De ahí que las violaciones del derecho a la salud pueden producirse por no adoptar las medidas necesarias que emanan de las obligaciones legales, como no contar con políticas o legislación que favorezca el nivel más alto de salud posible, o no hacer cumplir las leyes existentes en la materia.

Amparo en revisión 226/2020. 11 de noviembre de 2020. Cinco votos de las Ministras Norma Lucía Piña Hernández, quien reservó su derecho para formular voto concurrente, Ana Margarita Ríos Farjat, y los Ministros Jorge Mario Pardo Rebolledo, Alfredo Gutiérrez Ortiz Mena y Juan Luis González Alcántara Carrancá. Ponente: Juan Luis González Alcántara Carrancá. Secretarios: Pablo Francisco Muñoz Díaz y Fernando Sosa Pastrana.

Amparo en revisión 227/2020. 11 de noviembre de 2020. Cinco votos de las Ministras Norma Lucía Piña Hernández, quien reservó su derecho para formular voto concurrente, Ana Margarita Ríos Farjat, y los Ministros Jorge Mario Pardo Rebolledo, Alfredo Gutiérrez Ortiz Mena y Juan Luis González Alcántara Carrancá. Ponente: Ana Margarita Ríos Farjat. Secretario: Juan Jaime González Varas.

Esta tesis se publicó el viernes 26 de marzo de 2021 a las 10:29 horas en el Semanario Judicial de la Federación.

Este criterio pone énfasis en cómo el Estado tiene que adoptar cualquier medida que resulte conveniente a efecto de lograr la efectividad del derecho a la protección de la salud bajo la idea de progresividad. Contravenir lo dicho se puede dar tanto por acción como por omisión, por lo que las responsabilidades estatales se amplían profundamente en términos de recursos y presupuesto.

Suprema Corte de Justicia de la Nación

Registro digital: 2022888

Instancia: Primera Sala

Décima Época

Materias(s): Constitucional

Tesis: 1a. XIV/2021 (10a.)

Fuente: Gaceta del Semanario Judicial de la Federación. Libro 84, Marzo de 2021, Tomo II, página 1222

Tipo: Aislada

DERECHO HUMANO A LA SALUD. CRITERIOS QUE DEBEN VALORARSE PARA SU EFECTIVA GARANTÍA (OBJETIVO, SUBJETIVO, TEMPORAL E INSTITUCIONAL).

Hechos: Una persona promovió juicio de amparo indirecto en contra de la omisión de un Hospital Regional del Instituto Mexicano del Seguro Social (IMSS) de entregarle oportunamente el medicamento que requiere para el control de la enfermedad que padece.

Criterio jurídico: La Primera Sala de la Suprema Corte de Justicia de la Nación determina que las autoridades responsables de prestar asistencia médica y tratamiento a los pacientes usuarios de alguna institución que integre el Sistema Nacional de Salud, deben garantizar el derecho humano a la salud mediante la valoración de los criterios siguientes: 1) subjetivo, de acuerdo con el cual el Estado deberá actuar con el propósito de procurar el tratamiento terapéutico y farmacéutico del paciente, ya sea para lograr su reversibilidad o curación o, de ser diagnosticado con una enfermedad crónico y/o degenerativa, procurar la garantía del tratamiento necesario para el control de su sintomatología, así como el control del deterioro de su integridad física y psíquica, es decir, tomando en cuenta el estado de salud del paciente, así como sus requerimientos clínicos y médicos; 2) objetivo, conforme al cual el Estado deberá garantizar que el tratamiento sea adecuado, de modo que si el paciente requiere algún medicamento, éste contenga las sales originales o genéricas que conserven la biodisponibilidad y bioequivalencia de las sales originales para su efectividad; 3) temporal, conforme al cual el Estado deberá garantizar que el tratamiento del paciente se garantice de forma oportuna, permanente y constante; y, 4) institucional, de acuerdo con el cual el Estado debe garantizar que las unidades médicas o instituciones de salud que se encarguen de la garantía del tratamiento lo hagan de conformidad con los estándares más altos de tecnología y especialización médica.

Justificación: Los criterios aludidos deben evaluarse en la medida en que se trata de la garantía del derecho humano a la salud; derecho económico, social y cultural, cuyo cumplimiento es progresivo, y cuya efectividad depende de los medios de los que disponga el Estado para su satisfacción, reconocido en los artículos 4o., párrafo cuarto, de la Constitución Política de los Estados Unidos Mexicanos, 25 de la Declaración Universal de los Derechos Humanos, 12 del Pacto Internacional de Derechos Económicos, Sociales y Culturales, 5 de la Convención Internacional sobre la Eliminación de todas las Formas de Discriminación Racial, 11 y 12 de la Convención sobre la Eliminación de todas las formas de Discriminación contra la Mujer y 24 de la Convención sobre los Derechos del Niño.

Amparo en revisión 226/2020. 11 de noviembre de 2020. Cinco votos de las Ministras Norma Lucía Piña Hernández, quien reservó su derecho para formular voto concurrente, Ana Margarita Ríos Farjat, y los Ministros Jorge Mario Pardo Rebolledo, Alfredo Gutiérrez Ortiz Mena y Juan Luis González Alcántara Carrancá. Ponente: Juan Luis González Alcántara Carrancá. Secretarios: Pablo Francisco Muñoz Díaz y Fernando Sosa Pastrana.

Amparo en revisión 227/2020. 11 de noviembre de 2020. Cinco votos de las Ministras Norma Lucía Piña Hernández, quien reservó su derecho para formular voto concurrente, Ana Margarita Ríos Farjat, y los Ministros Jorge Mario Pardo Rebolledo, Alfredo Gutiérrez Ortiz Mena y Juan Luis González Alcántara Carrancá. Ponente: Ana Margarita Ríos Farjat. Secretario: Juan Jaime González Varas.

Esta tesis se publicó el viernes 26 de marzo de 2021 a las 10:29 horas en el Semanario Judicial de la Federación.

La anterior tesis, de forma muy interesante, propone cuatro elementos o criterios que hay que valorar para la garantía efectiva del derecho a la protección de la salud: a) el subjetivo, que tiene que ver con las y los pacientes; b) el objetivo, que se relaciona con los mecanismos de salvaguarda para que el Estado trate adecuadamente a las y los pacientes; c) el temporal, aplicando los principios de oportunidad, permanencia y constancia; y d) el institucional, mismo que procura estándares altos en términos de tecnología y especialización médica.

En resumidas cuentas, nuestro sistema constitucional y normativo ha dado cuenta del derecho a la protección de la salud de forma heterogénea, pues como en el caso del resto de derechos sociales e incluso de la generalidad de los derechos fundamentales, hubo una ralentización histórica al momento de dotar de contenidos más concretos a esta prerrogativa tanto en vía interpretativa como política, lo cual finalmente parece revertirse a partir de la reforma constitucional en materia de derechos humanos del 10 de junio de 2011 que, como bien se sabe, transformó el sistema jurídico mexicano y el entendimiento de las libertades públicas por completo.

En ese periodo de ralentización histórica al que hacíamos alusión con anterioridad, ni la Suprema Corte de Justicia de la Nación ni otros órganos jurisdiccionales como los tribunales colegiados de circuito argumentaron, interpretaron o discurrieron mucho en sus sentencias sobre derechos fundamentales y derechos sociales, lo cual está cambiando de dirección en los últimos años.

Quizá falten más y mejores mecanismos de garantía cuando hablamos del derecho a la protección de la salud en México, pero sin duda alguna, lo primero que debemos hacer como sociedad, en conjunto con las autoridades sanitarias, es llevar de la teoría a la práctica lo que ya se tiene, lo cual conlleva implicaciones relevantes en términos del Estado de Derecho que hay que edificar.

Afortunadamente, la jurisprudencia en materia del derecho a la protección de la salud es cada vez más profusa, atendiendo casos muy concretos de personas que acuden a la protección de la justicia federal en aras de hacer valer sus derechos. Así, las y los justiciables encuentra en los mecanismos de control de la regularidad constitucional como el juicio de amparo, aliados instrumentales y herramientas sumamente valiosas y altamente poderosas en pos de lograr sus cometidos en ejercicio de las prerrogativas fundamentales y de las libertades públicas bajo un cariz de dignidad.

Como quedó visto en su oportunidad, la política jurídica sanitaria contiene una serie de directrices que, de cumplirse cabalmente, pueden representar el primer paso para un sistema de salud mucho más robusto y para un cumplimiento del derecho a la protección de la salud mucho más eficiente, eficaz y efectivo. Se requiere, pues, un concurso de voluntades donde cada voz importa y en donde cada interviniente de los circuitos sociales hace lo suyo para lograr un bienestar colectivo. Las y los jueces deben ser capaces de escuchar a la ciudadanía y de ponderar sus demandas e inquietudes.

Si instituciones y ciudadanía cumplen con lo suyo y le dan un valor agregado a cada una de sus atribuciones, deberes, responsabilidades y derechos, podremos ir en la ruta adecuada. La idea de solidaridad sobresale entonces como una que hay que reivindicar en los hechos, procurando la inclusión de todas y todos, pues no olvidemos que vivimos en una sociedad abierta de los intérpretes constitucionales, donde los contenidos de la Carta Magna y los derechos fundamentales se hacen valer con base en un plano de exigencia y de rendición de cuentas muy particular.

II. DESARROLLOS RECIENTES DEL DERECHO A LA PROTECCIÓN DE LA SALUD

Hablar de cómo se ha desdoblado el derecho a la protección de la salud en todos los aspectos posibles no es algo fácil, dada la extensión de temas con los que puede llegar a tener algún nexo particular. Para motivar la discusión, simplemente se hará un comentario muy breve sobre ciertos vórtices contemporáneos de la salud como derecho, propios de la globalización, los cuales son parte de un debate todavía bastante abierto, pues son algunos desafíos que se le presentan al tema sanitario y que impactan decididamente en los contenidos de este derecho fundamental.

Por principio de cuentas, la salud y el medio ambiente guardan una relación de causa y efecto, por lo que cualquier intento de deliberación al respecto debe contemplar que la contaminación o la crisis climática afectan a nuestro bienestar. Un medio ambiente sano es capital para el desarrollo humano y para el bienestar de todas las personas, en todos los horizontes habidos y por haber.

Igualmente, la esfera protectora de la salud debe abarcar todos los espacios posibles, sin importar que haya condiciones de pobreza o conflictos bélicos. La sequía, las hambrunas, los desplazamientos de personas, entre otros, son factores que también entran en la ecuación, así como los desastres naturales que pueden socavar las posibilidades de ejercicio del derecho a la protección de la salud. No hay margen de error para una adecuada actuación de la administración pública.

Son múltiples las esferas de posible atención sanitaria y de todas ellas debe ocuparse el derecho a la protección de la salud, incluyendo desde luego a la salud física y a la salud mental.[43] Sin embargo, un aspecto que no puede pasar inadvertido es el de la

---

[43] Para una aproximación general a la salud mental como derecho fundamental con especial alusión al caso colombiano puede observarse Maya, Edgardo, "El derecho a la salud en la perspectiva de los derechos humanos y del sistema de inspección, vigilancia y control de quejas

salud emocional y el de la salud espiritual, en plena conexión con la libertad de creencias y con independencia de si se profesa o no alguna religión. Este tipo de temas no deben quedar vedados de la esfera protectora del derecho a la protección de la salud sino incrustarse en la misma bajo una óptica de racionalidad.

Igualmente, asuntos como la llamada "píldora del día siguiente" o la interrupción voluntaria del embarazo deben observarse desapasionadamente como tópicos de salud pública, fuera de la órbita de poderes fácticos como los eclesiásticos.[44] Lo mismo sucedería con otro tema polémico como la eutanasia.[45] En este sentido, la bioética concurre en la perspectiva iusfundamental buscando un equilibrio entre la razón jurídica, la razón social, la razón histórica y la moral cuando hablemos de los derechos sexuales y reproductivos.

A su vez, la objeción de conciencia como la posibilidad del incumplimiento de una obligación legal por razón de convicciones en sentido ético, religioso, filosófico o ideológico; sin embargo, en el caso de las y los médicos, este derecho debe tener parámetros claros de control que, a su vez, no limiten el ejercicio de otros derechos de terceros, como sería por ejemplo el caso de la interrupción voluntaria del embarazo. El debate sigue siendo sumamente profundo, además de que está provisto de argumentos en uno y otro sentido.

Los neuroderechos, en otro orden de ideas, en un futuro quizá no muy lejano serán herramientas que permitan proteger la privacidad de nuestra mente. En este sentido, el derecho a la pro-

---

en materia de salud", *Revista Colombiana de Psiquiatría,* Bogotá, vol. 37, núm. 4, octubre-diciembre de 2008, pp. 496-503.

44 Sobre ello, véase Woldenberg, José, *Después de la transición. Gobernabilidad, espacio público y derechos,* México, Cal y Arena, 2006, pp. 313-324.

45 Una de las opiniones más lúcidas sobre aborto y eutanasia, como en muchos otros temas, es la de Carlos Santiago Nino en su libro *Una teoría de la justicia para la democracia. Hacer justicia, pensar la igualdad y defender libertades,* pról. de Roberto Gargarella, present. de Roberto Gargarella y Paola Bergallo, 1a. reimp., Buenos Aires, Siglo XXI, 2014, pp. 135-146.

tección de la salud entra en juego a partir de un rol preventivo porque, como lo predicen algunos científicos e investigadores, no pasará mucho tiempo para que podamos tener dispositivos insertados en nuestro cerebro que codifiquen los pensamientos e ideas, con todos los riesgos sanitarios que ello conlleva. Más allá de la evolución tecnológica, la salud seguirá siendo primordial.

La no discriminación es otro gran tema de la salud pública contemporánea, pues diversos grupos vulnerables y minoritarios ven limitado su ejercicio. Por ejemplo, las y los portadores de VIH así como las personas afectadas por otras enfermedades pueden carecer de un acceso igualitario a la salud con múltiples repercusiones para su desarrollo personal, mental, social e integral.

En la jurisprudencia mexicana, por ejemplo, y siguiendo el rastros de otros casos interpretativos a escala latinoamericana como el colombiano, el derecho a la protección de la salud también ha podido entenderse como un derecho a la "no" protección de la salud por su relación con otros derechos fundamentales como la libre disposición del propio cuerpo o el libre desarrollo de la personalidad, entratándose del consumo de la mariguana.[46] Una argumentación similar se puede dar por ejemplo cuando una persona desea consumir libremente y por voluntad propia sustancias que circulan libremente en el comercio, tales como el tabaco o el alcohol; igual que con la mariguana, se sabe que habrá una afectación en el corto, mediano o largo plazo a la salud y aún así se materializa el consumo en específico. Esta arista del derecho a la "no" protección de la salud, entonces, llama poderosamente la atención.

---

[46] Para una revisión del caso colombiano en el uso de droga, conviene acercarse a Gaviria Díaz, Carlos, *Sentencias. Herejías constitucionales*, pról. de Alfredo Molano Bravo, México, Fondo de Cultura Económica, 2002, pp. 3-22. En general, una sólida argumentación teórica sobre la tenencia de drogas con fines de consumo personal se localiza en Nino, Carlos Santiago, *op. cit.*, nota anterior, pp. 53-80.

Es importante también tener en cuenta que el derecho a la protección de la salud es un caso de un derecho fundamental en el que hay que vislumbrar medidas de reparación y remedios administrativos en el ámbito no jurisdiccional.[47] Cobra pues una enorme relevancia el papel de los mecanismos no jurisdiccionales para hacer valer los derechos y de las instituciones especialmente diseñadas para tales fines, como sería en el caso mexicano la Comisión Nacional de los Derechos Humanos.

III. EL DERECHO A LA PROTECCIÓN DE LA SALUD EN EL PLANO INTERNACIONAL, CONVENCIONAL Y EN LA JURISPRUDENCIA DE LA CORTE INTERAMERICANA DE DERECHOS HUMANOS

El artículo 12 del Pacto Internacional de Derechos Económicos, Sociales y Culturales señala que los Estados partes reconocen el derecho de toda persona al disfrute del más alto nivel posible de salud física y mental (numeral 1), debiendo reducir la mortinatalidad y la mortalidad infantil, procurar el sano desarrollo de los niños, mejorar en todos sus aspectos la higiene del trabajo y del medio ambiente, prevenir y tratar las enfermedades epidémicas, endémicas, profesionales y de otra índole, y la lucha contra ellas, así como crear condiciones que aseguren la asistencia médica y los servicios médicos en caso de enfermedad (numeral 2).

El artículo 10 del Protocolo Adicional a la Convención Americana sobre Derechos Económicos, Sociales y Culturales, también conocido como Protocolo de San Salvador, establece que toda persona tiene derecho a la salud, entendida como el disfrute del más alto nivel de bienestar físico, mental y social (numeral 1); para hacer efectivo este derecho, los Estados partes reconocen a

---

47 Véase por ejemplo Díaz Pérez, Alejandro, "Reflexiones sobre la protección no judicial del derecho a la salud", *Revista Latinoamericana de Derecho Social,* México, núm. 28, enero-junio de 2019, pp. 35-70.

la salud como un bien público que trae aparejada la adopción de las siguientes medidas de garantía: a) la atención primaria de la salud, entendiendo como tal la asistencia sanitaria esencial; b) la extensión de los beneficios de los servicios de salud a todas y todos; c) la total inmunización contra las principales enfermedades infecciosas; d) la prevención y el tratamiento de las enfermedades endémicas, profesionales y de otra índole; e) la educación de la población sobre la prevención y tratamiento de los problemas sanitarios; y f) la satisfacción de las necesidades de los grupos de más alto riesgo, en condición de pobreza y vulnerables.

El artículo 11.1 de la Convención sobre la Eliminación de Todas las Formas de Discriminación contra la Mujer preconiza en su redacción que deben adoptarse todas las medidas apropiadas para eliminar la discriminación contra la mujer en la esfera del empleo a fin de asegurar a la mujer, en condiciones igualitarias con el hombre, los mismos derechos; en lo que nos concierne se enfatiza en el inciso f) el derecho a la protección de la salud y a la seguridad en las condiciones de trabajo, incluso y de manera importante la salvaguarda de la función de reproducción.

El artículo 5 de la Convención Internacional sobre la Eliminación de todas las Formas de Discriminación Racial determina que los Estados partes se comprometen a prohibir y eliminar la discriminación racial en todas sus formas y a garantizar el derecho de toda persona a la igualdad ante la ley, particularmente en el goce de una serie de derechos que se explicitan en dicho dispositivo, destacando en nuestra área de estudio el derecho a la salud pública, la asistencia médica, la seguridad social y los servicios sociales como parte de los derechos económicos, sociales y culturales (inciso e, iv).

El artículo 24 de la Convención sobre los Derechos del Niño asevera que los Estados partes reconocen el derecho del niño al disfrute del más alto nivel posible de salud y a servicios para tratar las enfermedades y rehabilitar la salud, con la obligación de esforzarse para asegurar que ningún niño sea privado de su derecho al disfrute de esos servicios sanitarios (numeral 1). Igualmente, deberán asegurar la plena aplicación de este derecho, adoptando medidas apropiadas para: a) reducir la mortalidad infantil y en la niñez; b) asegurar la prestación de la asistencia médica y la atención sanitaria que sean necesarias a todos los niños, haciendo hincapié en el desarrollo de la atención primaria de salud; c) combatir las enfermedades y la mulnutrición aplicando la tecnología disponible y suministrando alimentos nutritivos, adecuados y agua potable, teniendo en cuenta los peligros de contaminación; d) asegurar atención sanitaria prenatal y postnatal a las madres; e) asegurar que todos los sectores sociales, padres y niños conozcan entre otras cuestiones los principios básicos de la salud y la nutrición; y f) desarrollar la atención sanitaria preventiva y orientar a los padres en planificación familiar. La Convención también obliga a los Estados partes a adoptar medidas para abolir las prácticas tradicionales perjudiciales para la salud de los infantes (numeral 3), así como a alentar la cooperación internacional con miras a lograr progresivamente la realización de este derecho, teniendo en cuenta las necesidades de los países en desarrollo.

El artículo 25 de la Convención sobre los Derechos de las Personas con Discapacidad mandata que los Estados partes reconocen el derecho a gozar del más alto nivel posible de salud que les asiste a las personas con discapacidad, sin que pueda existir discriminación alguna por este motivo particular y concreto. Al tenor de lo expuesto, deben adoptar medidas para que las personas con discapacidad accedan a los servicios de salud y, además, están obligados incontrovertiblemente a lo siguiente: a) proporcionar programas y atención de la salud gratuitos o asequibles, incluso en el ámbito de la salud sexual y reproductiva, y programas de salud pública dirigidos a la población; b) proporcionar los servicios de salud que requieran las personas con discapacidad como consecuencia de la misma, incluida la pronta detección cuando proceda y servicios que prevengan y reduzcan al máximo la aparición de nuevas discapacidades; c) proporcionar esos servicios lo más cerca posible, incluso en las zonas rurales; d) exigir a los profesionales de la salud atención de la misma calidad para todas las personas sobre la base de un consentimiento libre e informado y mediante la sensibilización de, entre otras cosas, los derechos humanos y la dignidad; e) prohibir la discriminación en la prestación de seguros de salud y de vida; y f) impedir que se nieguen servicios de salud o de atención de la misma de manera discriminatoria.

El artículo 24 de la Declaración de las Naciones Unidas sobre los derechos de los pueblos indígenas afirma de forma atinada, amplia y clara que las personas indígenas tienen derecho a disfrutar por igual del nivel más alto posible de salud física y mental, con la obligación para los Estados de tomar las medidas necesarias para la realización progresiva de este derecho (numeral 2).

El artículo 43 de la Convención Internacional sobre la Protección de los Derechos de todos los Trabajadores Migratorios y de sus Familiares puntualiza de forma clara que los trabajadores migratorios gozarán de igualdad de trato respecto de los nacionales del Estado de empleo en relación con el acceso a los servicios sociales y de salud, siempre que se hayan satisfecho los requisitos establecidos para la participación en los planes correspondientes (inciso e).

El Comité de Derechos Económicos, Sociales y Culturales de la Organización de las Naciones Unidas se ha pronunciado sobre los deberes de los Estados en materia de salud, principalmente en su Observación General número 14 sobre el derecho al disfrute del más alto nivel posible de salud.[48] Otras Observaciones Generales que abordan esta prerrogativa fundamental son las números 3, 4, 5, 6, 15, 16, 18, 19 y 20. En nuestro continente, el Grupo de Trabajo de la Organización de los Estados Americanos para el análisis de los informes anuales sobre indicadores de progreso se ha referido igualmente al examen del derecho a la protección de la salud.

---

[48] Naciones Unidas, Consejo Económico y Social, "El derecho al disfrute del más alto nivel posible de salud", disponible en https://www.acnur.org/fileadmin/Documentos/BDL/2001/1451.pdf. [En línea: 18 de mayo de 2021].

La Corte Interamericana de Derechos Humanos (Corte IDH) ha realizado un trabajo interpretativo sobre el derecho a la protección de la salud que ha evolucionado con el paso del tiempo.[49] Este órgano jurisdiccional internacional estima que la salud es un derecho humano fundamental e indispensable para el ejercicio adecuado de los demás derechos humanos. Todo ser humano tiene derecho al disfrute del más alto nivel posible de salud que le permita vivir dignamente, entendida la salud, no sólo como la ausencia de afecciones o enfermedades, sino también a un estado completo de bienestar físico, mental y social, derivado de un estilo de vida que permita alcanzar a las personas un balance integral. El Tribunal ha precisado que la obligación general se traduce en el deber estatal de asegurar el acceso a servicios esenciales de salud, garantizando una prestación médica de calidad y eficaz, así como de impulsar el mejoramiento de las condiciones de salud de la población.

El máximo tribunal a escala interamericana en el Caso Poblete Vilches y otros vs. Chile[50] ha entrado al análisis del contenido y alcance del derecho a la protección de la salud como derecho humano autónomo. Este órgano jurisdiccional del sistema interamericano señala entonces que de la consolidación del derecho a la salud se derivan diversos estándares relativos a prestaciones básicas y específicas de salud, particularmente frente a situaciones de urgencia o emergencia médica.

---

49 Un ángulo panorámico se puede observar en Robles, Magda Yadira, "El derecho a la salud en la jurisprudencia de la Corte Interamericana de Derechos Humanos", *Cuestiones Constitucionales. Revista Mexicana de Derecho Constitucional*, México, núm. 35, julio-diciembre de 2016, pp. 199-246.

50 Corte Interamericana de Derechos Humanos. Caso Poblete Vilches y otros vs. Chile. Sentencia de 8 de marzo de 2018 (Fondo, Reparaciones y Costas). Disponible en https://www.corteidh.or.cr/docs/casos/articulos/seriec_349_esp.pdf. [En línea: 15 de mayo de 2021].

La operatividad de esta obligación se desarrolla entonces con cuatro estándares:

1. Deber de regulación: los Estados son responsables de regular con carácter permanente la prestación de servicios públicos y privados, apuntando a una prestación de servicios de calidad.

2. Retomando lo dicho por la Observación General número 14 del Comité de Derechos Económicos, Sociales y Culturales de la OEA, la Corte Interamericana señala que cuatro elementos esenciales e interrelacionados deben satisfacerse en materia de salud: disponibilidad, accesibilidad, aceptabilidad y calidad. La disponibilidad implica contar con un número de establecimientos, bienes y servicios de salud, así como programas integrales, buscando en todo momento la coordinación adecuada. La accesibilidad entra que los establecimientos, bienes y servicios de emergencia de salud deban ser accesibles a todas las personas, en clave de no discriminación, accesibilidad física, accesibilidad económica, acceso a la información e inclusión. La aceptabilidad tiene que ver con un respeto de la ética médica y los criterios culturalmente apropiados, incluyendo perspectiva de género, condiciones del ciclo de vida del paciente y acceso pleno a la información en términos del diagnóstico y tratamiento. La calidad, mientras tanto, se basa en contar con una infraestructura adecuada y necesaria para satisfacer las necesidades básicas y urgentes, abarcando cualquier tipo de herramienta o soporte vital y recursos humanos calificados.

3. Como condición transversal de la accesibilidad, el Estado está obligado a garantizar un trato igualitario a todas las personas que accedan a los servicios de salud, sin discriminación alguna.

4. En el caso Suárez Peralta,[51] la Corte se refirió a que debe haber mecanismos de supervisión y fiscalización estatal de las instituciones de salud públicas y privadas, lo cual tiene que ver igualmente con la rendición de cuentas en un contexto democrático.

En el caso Poblete Vilches, la Corte

> (...) estima que la salud es un derecho humano fundamental e indispensable para el ejercicio adecuado de los demás derechos humanos. Todo ser humano tiene derecho al disfrute del más alto nivel posible de salud que le permita vivir dignamente, entendida la salud, no sólo como la ausencia de afecciones o enfermedades, sino también a un estado completo de bienestar físico, mental y social, derivado de un estilo de vida que permita alcanzar a las personas un balance integral. El Tribunal ha precisado que la obligación general se traduce en el deber estatal de asegurar el acceso de las personas a servicios esenciales de salud, garantizando una prestación médica de calidad y eficaz, así como de impulsar el mejoramiento de las condiciones de salud de la población.[52]

Además de los casos Poblete Vilches y Suárez Peralta, la Corte Interamericana se ha referido a los alcances del derecho a la protección de la salud en decisiones como Cuscul Pivaral y otros vs. Guatemala, Hernández vs. Argentina, Comunidad Indígena Sawhoyamaxa vs. Paraguay, por citar algunos ejemplos, en los cuales los hilos conductores son la autonomía, el núcleo duro y la justiciabilidad de este derecho fundamental.

Haciendo un balance de lo hasta aquí expuesto, los mecanismos para hacer valer el derecho a la protección de la salud, el derecho a la vida y el conjunto de los derechos económicos, sociales

---

[51] Corte Interamericana de Derechos Humanos. Caso Súarez Peralta vs. Ecuador. Sentencia de 21 de mayo de 2013. Disponible en https://www.corteidh.or.cr/docs/casos/articulos/seriec_261_esp.pdf. [En línea: 16 de mayo de 2021].

[52] Corte Interamericana de Derechos Humanos, *Cuadernillo de Jurisprudencia de la Corte Interamericana de Derechos Humanos No. 28: derecho a la salud,* San José, Corte IDH, 2020, p. 15.

y culturales, tanto en sede nacional como internacional, resultan particularmente relevantes en épocas de crisis, mostrando que el Derecho siempre será uno de los mejores instrumentos para afrontar los retos sociales.

Hoy más que nunca instrumentos como el juicio de amparo en México y los procedimientos de acceso a los sistemas regionales de derechos humanos -y también al sistema universal, desde luego- se ponen de relieve para subrayar la trascendencia de los derechos fundamentales y libertades públicas. Las Constituciones de cada Estado nacional y los tratados internacionales en materia de derechos humanos son un genuino escudo protector de la dignidad en cualquier instante. El Derecho Comparado y el Derecho extranjero vale lo que valen sus razones.[53] No puede quedar de lado.

---

[53] *Cfr.* Legarre, Santiago y Orrego, Cristóbal, "Los usos del Derecho Constitucional Comparado y la universalidad de los derechos humanos", *Revista Española de Derecho Constitucional.* Madrid, núm. 88, enero-abril de 2010, p. 36.

Capítulo tercero

El derecho fundamental a la protección de la salud en tiempos de pandemia: retos a partir del COVID-19

I. LA PANDEMIA COVID-19

1. Génesis

El COVID-19 tuvo un proceso complejo de desarrollo y tomó por asalto al mundo a partir del año 2019, si bien es cierto que su desenvolvimiento se dio más bien durante 2020. Provocada por el SARS-CoV-2, es una enfermedad infecciosa, viral y respiratoria que pronto se convirtió en epidemia y después en pandemia. Capaz de provocar, por lo menos, cansancio, fatiga, tos seca y fiebre, también puede causar síntomas no tan habituales como jaquecas y dolores de cabeza, diarrea, escalofríos, náuseas, vómito, mialgia, falta de aliento, tos con esputos, congestión nasal, dolor de garganta y disminución del olfato, entre otros síntomas. Mientras tanto, en condiciones de severidad o gravedad puede traer consigo tos con sangre, fiebre alta, sepsis, embolia pulmonar, choque circulatorio, dificultad de respiración evidente, alteración de la conciencia, pulso irregular, poca o nula micción y dolor torácico. Sus complicaciones pueden llegar a ser neumonía, insuficiencia renal aguda, dificultades respiratoria aguda e incluso la muerte.

El proceso de transmisión se da por conducto de microgotas emitidas cuando hablamos, tosemos o estornudamos, las cuales pasan a otras personas a través de la inhalación o a través de las manos, para después ingresar de lleno al organismo por contacto con las membranas mucosas orales, nasales y oculares. También puede propagarse la enfermedad a través de aerosoles. Concretamente, las rutas de transmisión pueden ser de persona a persona o por la persistencia en superficies. Los primeros aspectos sintomáticos ocurren entre dos y catorce días a partir de la exposición al virus, siendo cinco días el promedio generalizado.

Para prevenir contagios de esta enfermedad por el nuevo coronavirus, las autoridades sanitarias a nivel mundial y nacional recomendaron desde sus inicios aspectos como el uso de cubrebocas o mascarillas faciales, el lavado constante de manos, evitar contacto con otras personas en caso de presentar síntomas, no tocarse ojos, nariz y boca, limpiar superficies y artefactos que posiblemente hayan sido tocados por otros individuos, cubrirse la boca y la nariz al momento de toser o estornudar, por mencionar algunas de esas sugerencias. Antes de que se generaran las vacunas, el distanciamiento social fue una medida en muchos de los casos obligatoria, así como el confinamiento doméstico, el aislamiento, el cierre de establecimientos y la cancelación de eventos masivos.

En cuanto a su historia, tenemos que remontarnos al mes de diciembre del referido año 2019 para recordar que en la ciudad china de Wuhan hubo un brote epidémico, específicamente en el mercado mayorista de mariscos de esta urbe. Tal brote fue indicativo de la presencia en varias personas de neumonía atípica, de causa desconocida y de etiología igualmente inexplorada, de las cuales algunas se encontraron días después en estado crítico. Con el inicio del nuevo año, el mercado se cerró por completo, descartándose que el causante del brote fuera algún agente patológico previamente conocido, como la gripe aviaria o la gripe porcina. Entre el 7 y el 12 de enero de 2020 se hicieron pormenorizados estudios de laboratorio para aislar al virus, generar la secuenciación del genoma y confirmar que se trataba de un nuevo virus, el cual se propagaría muy rápidamente con casos confirmados en Tailandia y Japón. El 11 de enero de la misma anualidad, de hecho, se reportó la primera muerte a causa del nuevo coronavirus, el cual se denominaría oficialmente COVID-19 un mes después, es decir, a partir del 11 de febrero.

2. Desarrollo y expansión

Tan pronto como el 30 de enero igualmente de 2020, la Organización Mundial de la Salud declaró a la enfermedad como una emergencia sanitaria de preocupación internacional. Pocas semanas después, la misma institución declaró al COVID-19 como una pandemia, en razón de que se detectó para ese entonces en más de cien territorios, aunado al hecho de una creciente inquietud por el impacto que pudiera tener en países pocos desarrollados, con deficientes, insuficientes o poco óptimas infraestructuras sanitarias y carentes de recursos monetarios, financieros y humanos para hacerle frente.

Las versiones sobre su surgimiento apuntaban a un origen animal, a una zoonosis pandémica, teniendo a los pangolines y sobre todo a los murciélagos como los causantes de la transmisión a los seres humanos, conjeturando incluso una posible triangulación para llegar al resultado por todos conocido. Sin embargo, la Organización Mundial de la Salud no ha encontrado evidencia suficiente al respecto, por lo que sigue siendo un tema abierto y al que es necesario seguir prestando la atención debida como mecanismo de prevención de eventuales y futuras pandemias de génesis similar que en algún momento pudieran llegar a darse.

Al día de hoy, cuando después de múltiples variantes, mutaciones y cepas parece que ha pasado el punto más álgido de la pandemia sus efectos se siguen sintiendo en múltiples terrenos y superficies, empezando desde luego y de una manera muy lamentable por el aspecto humano. Una estimación de alrededor de 15 millones de personas fallecidas en todo el mundo es lo que ha dejado el nuevo coronavirus, cifra que pudiera ser mucho mayor si no es que se hubieran desarrollado con tanta velocidad las vacunas para prevenir la enfermedad y neutralizarla.[54] Según datos

---

54 "Covid: el número real de muertes por la pandemia en todo el mundo es de casi 15 millones (y qué países de América Latina tienen mayor exceso de mortalidad)", *BBC News Mundo*, disponible en https://www.bbc.com/mundo/noticias-61333739. [En línea: 5 de mayo de 2022].

de la OMS, más de 6 millones de decesos por COVID-19 pueden considerarse como oficiales, a los que habría que agregar varios millones de muertes asociadas al nuevo coronavirus; en total, pudiera haber incluso más de 20 millones de fallecimientos derivados de la emergencia sanitaria.

La fabricación de las vacunas fue uno de los aspectos luminosos de la gestión de la pandemia a nivel mundial, aunque con claroscuros cuando aludimos a elementos ya muy diferentes como el acaparamiento de las mismas que efectuaron algunos países desarrollados y las prácticas poco éticas de algunas compañías farmacéuticas, de lo que hablaremos un poco más adelante.

Sin embargo, la elaboración de las vacunas como hecho particular puede tildarse sin temor a equivocarnos como una muestra efectiva de lo positivo que puede acarrear el fenómeno globalizador en cuanto tal. Ello es así porque se mostró y demostró una globalización efectiva y orientada en buen sentido de la Medicina, de la ciencia y la biociencia, de la investigación, de la tecnología, de las ideas, de los avances intelectuales. En tiempo récord se fabricaron once mil millones de dosis, lo cual se dio en un lapso de apenas doce meses. Lo anterior conlleva a algo irrefutable: las nuevas enfermedades pueden ser muy letales pero la humanidad, de alguna u otra forma, posee herramientas para enfrentarlas sin que ello suceda en periodos demasiado prolongados.

Y es que desde abril de 2020 se tenía conocimiento del desarrollo de una buena cantidad de pruebas de vacunas, las cuales habrían de entrar a ensayos clínicos, aunque la propia OMS no era muy optimista por lo que respecta a una pronta aplicación de ellas. Aproximadamente para septiembre del mismo año, había candidatos a vacunas pero ninguno había completado los ensayos en sus fases más avanzadas. Fue hasta noviembre cuando la empresa farmacéutica Pfizer anunció la efectividad en un noventa por ciento de su vacuna, la cual se aprobaría en diciembre por la Agencia Reguladora de Medicamentos y Productos Sanitarios para el Reino Unido.

Este acontecimiento por sí solo supuso un hito sanitario, pues menos de un año después de que se notificara la existencia del nuevo coronavirus, ya había una vacuna destinada a combatirlo. Luego de ello, otras vacunas como Moderna, Novavax, Cansino, AstraZeneca, entre otras, aceleraron sus respectivos procesos de investigación y experimentación para empezar con las campañas de vacunación a nivel global, siendo aprobadas para su uso en distintos tiempos por parte de la OMS.

Las campañas de vacunación en cuanto tales, y según se anunciaba ya, tuvieron luces y sombras, empezando por el lamentable acaparamiento que efectuaron algunos países como Estados Unidos al inicio de las propias campañas, sin tener en consideración de forma justa y equitativa a países en vías de desarrollo con condiciones diametralmente opuestas a las de nuestro vecino país del norte.

No es gratuito ni casual, en función de lo anterior, que alguna organización no gubernamental de la sociedad civil en todo el orbe como Amnistía Internacional haya calificado de fracaso la organización de los gobiernos al momento de apoyar una cobertura de vacunación global, enfatizando que la acumulación y la desigualdad fueron dos poderosos obstáculos en todas las campañas de inmunización.[55]

Siguiendo a la misma organización, la carencia de un acceso equitativo a las vacunas contribuyó a una verdadera catástrofe durante el año 2021 entratándose de los derechos fundamentales y la emergencia sanitaria. Al decir de Amnistía Internacional, algunas empresas farmacéuticas monopolizaron la tecnología, no compartieron la propiedad intelectual de las vacunas y prioriza-

---

55 Amnistía Internacional, "COVID-19: el fracaso de las empresas farmacéuticas para garantizar el acceso equitativo a las vacunas contribuyó a la catástrofe de los derechos humanos en 2021", disponible en https://www.amnesty.org/es/latest/news/2022/02/covid-19-pharmaceutical-companies-failure-on-equal-vaccine-access-contributed-human-rights-catastrophe-in-2021/. [En línea: 14 de febrero de 2022].

ron el suministro a las potencias altamente desarrolladas con un evidente interés monetario de por medio, lo cual audiencia una falta de responsabilidad y transparencia en un instante donde estaban en juego millones de vidas humanas, sobre todo en las zonas geográficas más pobres.

En el continente africano, por ejemplo, todavía hay un rezago significativo y considerable en los programas de inmunización que reflejean una iniquidad avasalladora y un neocolonialismo expandido en otros ámbitos más allá de la conquista de territorios. Desafortunadamente, hoy en día la colonialización y la dependencia de los demás, la subordinación a terceros que resultan ser más poderosos políticamente hablando, se puede dar de forma indirecta no sólo por acción sino por omisión.

Además de las vacunas y los fármacos, claro está, no puede dejar de mencionarse el trabajo absolutamente heroico que médicas, médicos, enfermeras, enfermeros y demás personal sanitario realizaron durante la hora cero de la pandemia, e incluso antes y despés de la misma. Sin este loable esfuerzo, definitivamente, la tasa de mortalidad se hubiera elevado de una forma bastante significativa.

Lo dicho no es sino una muestra de realidad, raciocinio y pruebas contundentes de que necesitamos un personal sanitario mejor pagado, con mayores posibilidades de desarrollo profesional, con ambientes laborales acordes a sus expectativas y con condiciones de plena desigualdad en el desenvolvimiento de todas y cada una de sus funciones. Si en la cotidianidad es dable visualizar la enorme trascendencia de su quehacer, ello se multiplica en contextos de emergencia, crisis e incertidumbre como los que nos ha tocado vivir durante la pandemia COVID-19.

3. Retos y desafíos en distintas perspectivas

Surge entonces una necesidad de analizar el nuevo coronavirus desde diversos enfoques, pues además de que un análisis de este tipo permite un examen multidisciplinario de la pandemia, dicho ejercicio será mucho más completo si se hace una serie de propuestas racionales, críticas y constructivas que permitan tener un sentido de anticipación de cara a un futuro donde no podremos estar nunca del todo a salvo. Conviene pues analizar las problemáticas pandémicas desde el Derecho, la política, la economía, la cultura y la filosofía como partes y subsistemas de un mismo y más amplio sistema social.

A. Perspectiva jurídica

Son numerosos los tópicos de incidencia de la pandemia en lo jurídico y en lo constitucional.[56] No es la finalidad de este apartado desarrollar todos y cada uno de ellos con exhaustividad, pero a guisa de ejemplo y de manera enunciativa más no limitativa, algunos de esos temas, problemas, puentes y conexiones entre COVID-19 y Derecho, aplicables tanto para el caso mexicano como para otras latitudes, son los siguientes:

- Las actividades litigiosas se enfrentaron a incertidumbres diversas al inicio de la pandemia, en los puntos álgidos del confinamiento. Los días cotidianas de las y los abogados litigantes, entre la ida a los juzgados y demás instituciones, simplemente resultaron afectadas e incluso postergadas, dejando en *stand by* el destino de miles de asuntos.
- Por ende, las actividades de los tribunales también se llegaron a poner en entredicho, sobre todo en lo referente a la justicia pronta y expedita como derecho fundamental de los justiciables, el cual debió entrar en ponderación con las circunstancias extraordinarias que acarreó la pandemia. La

---

56 Una visión panorámica de las vicisitudes jurídicas y constitucionales de la pandemia COVID-19 se puede consultar en González Martín, Nuria y Valadés, Diego (coords.), *Emergencia sanitaria por COVID-19: Derecho Constitucional Comparado*, México, UNAM, Instituto de Investigaciones Jurídicas, 2020, disponible en https://archivos.juridicas.unam.mx/www/bjv/libros/13/6195/3a.pdf. [En línea: 1 de agosto de 2020].

poca claridad con la que se condujeron algunas instituciones también complicó el panorama.

- Los sistemas de justicia electrónica o "e. justicia", a través de los cuales era posible promover demandas y darle seguimiento a todo un juicio en diversas materias a través de las tecnología de información y comunicación ya se habían ensayado en la vida prepandémica, pero requirieron agilizarse en aras de brindarle más herramientas a los usuarios de los órganos jurisdiccionales e incluso en sede administrativa, habida cuenta de la distancia social obligada por la contingencia.
- Las actividades parlamentarias no podían detenerse y, al ser consideradas como esenciales, se desarrollaron en modalidad híbrida en diversos recintos parlamentarios, acudiendo en un primer momento al desahogo remoto de las sesiones; con posterioridad, fue posible llevarlas a cabo con sana distancia.
- En el ámbito de la administración pública, su funcionalidad también fue puesta a prueba, lo cual adquirió una relevancia todavía mayor por ejemplo en el entorno estadual y municipal de México, pues ya que no se aplicó como tal un estado de excepción así contemplado por el artículo 29 de la Carta Magna, la Federación prácticamente se encargó de distinguir entre actividades esenciales y no esenciales, así como de diseñar y aplicar el semáforo epidemiológico para la medición del riesgo. De esta suerte, los estados dictaban las medidas generales y los ayuntamientos emitían los decretos con las previsiones concretas y específicas a las que se habrían de atener las y los ciudadanos. Tales decretos, en diversas ocasiones, fueron de dudosa constitucionalidad por las restricciones ambiguas a libertades como la de tránsito y la de trabajo, además de prerrogativas como el libre desarrollo de la personalidad.
- Diversas instituciones públicas y sociales —las Universidades serían uno de los ejemplos más palmarios al respecto—

se enfrentaron, por igual, a recovecos legales, en razón de que su operación no estaba habilitada para ser efectuada a través de medios virtuales y digitales, lo que ponía en tela de juicio la plena validez de asambleas, cuerpos colegiados y órganos directivos.

- El comercio electrónico, que de por sí ya había adquirido proporciones extraordinarias con la penetración de gigantes globales como Amazon, se acentuó sin lugar a dudas cuando las personas se vieron obligadas a recluirse en sus hogares, por la que la necesidad de contar con bases firmes e instrumentos contractuales solventes se amplificó y, con ello, las demandas y demás actuaciones judiciales en este sentido particular.
- En el campo del Derecho Electoral, surgieron coyunturas sobre la realización o no de jornadas comiciales en épocas de pandemia. Más allá de lo que cada Estado nacional decidió, lo cierto es que la reflexión necesariamente debe ir en el sentido de potenciar las bondades del voto electrónico que, dicho sea de paso, puede ahorrar tiempo, dinero y esfuerzo, además de contribuir a la democracia.
- En el Derecho Civil y Mercantil, el pago de obligaciones ante instituciones crediticias y otras personas morales trajo consigo que se diagramaran alternativas ante la falta de ingresos que la crisis económica a causa del COVID-19 desencadenó. En ocasiones para bien y en otras para mal, los contratos, convenios y demás instrumentos jurídicos fueron alterados —el caso que en México es más representativo es el de algunas corporaciones bancarios que reestructuraron las deudas de sus clientes o que les ofrecían diferir ciertas compras a plazos desde el inicio de la pandemia—. Como consecuencia, el principio de certeza jurídica pudo beneficiar a ciertos sectores, aunque otros, lamentablemente, no corrieron con la misma suerte.
- En el terreno del Derecho Fiscal y Tributario, las tecnologías de información y comunicación habían hecho posible

desde hace tiempo el pago de impuestos y otras contribuciones, multas, etcétera, a través de Internet. La pandemia, desde luego, aceleró tales procesos.

- En el ámbito del Derecho Administrativo como Derecho de la administración pública, la contingencia obligó a una revisión de los sistemas, canales, plataformas y estructuras internas a nivel burocrático, en aras de que la prestación de diversos servicios públicos se llevara a cabo con eficacia, eficiencia, objetividad y profesionalismo.

Para el maestro Diego Valadés,[57] el COVID-19 afecta la Constitución porque supone un proceso de desconstitucionalización y limitaciones a ciertos tipos de libertades, además de que en el futuro obligará a una reflexión sobre las formas de organización y funcionamiento de los órganos del Estado; asimismo, entraña la necesidad de pensar y repensar los problemas de inseguridad, pobreza e injusticia que se han acumulado por décadas. Por eso que el Derecho debe pensarse en clave no sólo preventiva sino transformadora.

B. Perspectiva política

Bajo un enfoque político, la pandemia debe plantearse y replantearse bajo uno de los parámetros básicos del constitucionalismo contemporáneo: el grado de intromisión de los gobiernos con respecto a los derechos humanos. Si ese constitucionalismo busca en clave moderna una limitación estricta del poder público y una distribución adecuada del mismo entre la ciudadanía, no es gratuito imaginar el grado de tentación que el COVID-19 supuso para gobernantes con cierta impronta autoritaria.

---

57 *Cfr.* "Por qué el Covid-19 afecta la Constitución. El jurista Diego Valadés sostiene que México se ha venido desconstitucionalizando en la pandemia", *El Universal*, disponible en https://www.eluniversal.com.mx/ciencia-y-salud/por-que-el-covid-19-afecta-la-constitucion. [En línea: 9 de junio de 2020].

Cuestiona Roberto Gargarella,[58] ¿las libertades públicas pueden limitarse de una manera exponencial aún y cuando estemos en tiempos de crisis? Los riesgos pudieran ser mayores que los probables beneficios, pues los fines legítimos que se proponen, aún y cuando pudieran alcanzarse pudieran socavar el conjunto de los derechos fundamentales.[59] Las restricciones a las libertades pueden traer consigo pulsaciones autoritarias, así como un ejercicio desmedido del Poder Ejecutivo, lo cual a nada bueno puede conducir en el terreno de la realidad social de forma expandida.

Al tenor de lo que opinan intelectuales como Carolin Emcke,[60] la pandemia ha representado una tentación autoritaria que invita a la represión, a la vigilancia totalitaria basada en datos digitales o a la regresión nacionalista, además de que implica retos como la solidaridad y el cuidado mutuo, los cuales en teoría deberían prevalecer sobre el virus y no el estado de excepción o la privación de la libertad; asimismo, es necesario observar que la pérdida de soberanía no puede compensarse con la estigmatización o humillación de los otros. La pandemia no puede ser instrumentalizada, según Emcke, para justificar las ambiciones autoritarias y la anulación del Estado de Derecho, así como para establecer métodos totalitarios a largo plazo de extracción de datos, represión y vigilancia digital. No puede, al fin, subvertirse la democracia en su elemento.

---

[58] *Cfr.* "Frente al coronavirus, ¿es necesario restringir las libertades compulsivamente?", *Clarín,* disponible en https://www.clarin.com/opinion/frente-coronavirus-necesario-restringir-libertades-compulsivamente-_0_7-hXC6hjy.html. [En línea: 24 de marzo de 2020].

[59] *Idem.*

[60] *Cfr.* "Carolin Emcke. 'La pandemia es una tentación autoritaria que invita a la represión'", *El País,* disponible en https://elpais.com/cultura/2020-04-19/carolin-emcke-esta-es-una-tentacion-autoritaria-que-invita-a-la-represion.html?fbclid=IwAR3-d0MEFbTCvLdo3N-j-uDmsQG6MqEV-EVOYVPUKiTUwGTsH4Z5AB_U7HM. [En línea: 20 de abril de 2020].

En una línea argumentativa similar, Timothy Snider[61] expresa su preocupación de que los líderes autoritarios se aprovechen del sufrimiento, de que las catástrofes, aún y cuando sean propiciadas por un gobierno, coadyuve a consolidar el poder en ese mismo gobierno a través de una especie de política del miedo, lo cual se acentúa cuando los sistemas sanitarios son pobres y hay un miedo real a morir. De esta forma hay un juego bastante perverso usando a la contingencia como pretexto, en aras de la dominación, la prevalencia y la superioridad en todos los flancos posibles.

Como lo ha dicho desde hace años Luigi Ferrajoli, instituciones como la Organización Mundial de la Salud requieren ser dotadas de todos aquellos medios y poderes que sean necesarios para garantizar el cumplimiento de sus funciones de salvaguarda de las prestaciones sanitarias.[62] En esta institución, ni duda cabe, debe encabezar la gobernanza sanitaria mundial, sin dejar lugar a dudas de su autoridad.

Los poderes salvajes, como ha sido evidenciado por el propio Ferrajoli en varias de sus obras,[63] son una pieza relevante del rompecabezas, y es necesario preguntarnos si algunos consorcios

---

61 *Cfr.* "Timothy Snyder: 'Me preocupa que líderes autoritarios saquen provecho del sufrimiento'", *El País,* disponible en https://elpais.com/cultura/2020-04-26/timothy-snyder-esta-crisis-puede-acabar-por-restar-atractivo-a-los-autoritarismos.html?fbclid=IwAR2YD5PLOuhQA_q1l-qoL6BAAiF0ftqkgegI-uGWK-bnv_XL9qOVmfR_xoVw. [En línea: 26 de abril de 2020].

62 *Cfr.* Ferrajoli, Luigi, "Por una esfera pública del mundo", trad. de José María Seco Martínez y Rafael Rodríguez Prieto, en VV. AA., *El nuevo orden americano. ¿La muerte del Derecho?,* Córdoba, Almuzara, 2005, p. 96.

63 Véanse por ejemplo sus trabajos "Contra los poderes salvajes del mercado: para un constitucionalismo de Derecho Privado", trad. de Miguel Carbonell, en Carbonell, Miguel *et al.* (coords.). *Estrategias y propuestas para la Reforma del Estado,* 2a. ed., México, UNAM, Instituto de Investigaciones Jurídicas, 2002, *Principia iuris. Teoría del Derecho y de la democracia. 2. Teoría de la democracia,* Madrid, Trotta, 2011 y, de forma más amplia sobre el tema, *Poderes salvajes. La crisis de la democracia constitucional,* trad. de Perfecto Andrés Ibáñez, Madrid, Trotta, 2011.

farmacéuticos forman parte de ellos o no. Tales poderes salvajes, entendidos por Lasalle como factores reales y efectivos de poder, son para este autor los verdaderos depositarios de la Constitución, *i. e.*, en quienes reside ésta, y dado que rigen en el seno de cada sociedad, son una fuerza activa y eficaz que informa las leyes e instituciones de dicha sociedad —aludiendo a la monarquía, la aristocracia, la gran burguesía, los banqueros, la pequeña burguesía y la clase obrera—.[64]

Al final del día, la pandemia ha permitido una reivindicación de la globalización política, pues únicamente la solidaridad, la colaboración y la cooperación global permitirán salir de la crisis, como señala el siempre sugerente, estimulante y provocador pensador Slavoj Žižek.[65] En términos más o menos similares se ha expresado otro relevante intelectual global como Yuval Noah Harari,[66] quien subraya los dos tipos de dilemas a los que nos enfrentamos en tiempos de crisis: vigilancia totalitaria o empoderamiento ciudadano, por un lado, y aislamiento nacionalista o solidaridad global por el otro, asumiendo que la desunión no sólo prolonga las emergencias sino que redundará en catástrofes aún peores de cara al futuro, mientras que la solidaridad global referida será una victoria no sólo contra el COVID-19 sino contra las futuras pandemias y estados críticos que la humanidad habrá de enfrentar a lo largo del siglo XXI. Harari es de la opinión, igualmente, que la pandemia es una prueba mayor de ciudadanía.[67] El crucigrama ideológico, por lo visto, no es de fácil resolución,

---

64 *Cfr.* Lasalle, Ferdinand, *¿Qué es una Constitución?*, trad. de Wenceslao Roces, introd. de Eliseo Aja, 2a. ed., Barcelona, Ariel, 2002, pp. 84-120.

65 *Cfr.* "Slavoj Žižek: 'El coronavirus nos obliga a elegir entre el comunismo global o la ley de la jungla'", *RT en Español*, disponible en https://actualidad.rt.com/actualidad/348318-slavoj-zizek-coronavirus-comunismo-jungla. [En línea: 31 de marzo de 2020].

66 *Cfr.* "The world after coronavirus", *Financial Times*, disponible en https://www.ft.com/content/19d90308-6858-11ea-a3c9-1fe6fedcca75. [En línea: 19 de marzo de 2020].

67 *Idem.*

como tampoco fácil es el papel de los gobiernos en un mundo urgido y necesitado de democracia.

Zaffaroni,[68] mientras tanto, observa en la pandemia una oportunidad de tránsito hacia lo que él denomina "Estado neoprovidente", el cual abarque legalidad, igualdad pero también fraternidad, patentizando el deber de renegerar el espíritu de comunidad. El sentido de solidaridad, pues, iría de la mano con el nacimiento y la emergencia de un nuevo tipo de ciudadanía sanitaria, mucho más consciente de sus derechos y obligaciones en la materia.

C. Perspectiva social, económica y cultural

Referirnos al impacto social del COVID-19 se adminicula con la necesidad de observar todo el inventario de problemáticas cuyo aumento fue provocado por la pandemia, tales como el aumento de la desigualdad y la iniquidad, la pobreza, el empleo informal y sin garantías adecuadas, así como la falta de seguridad y protección social desde un punto de vista formal. Por igual, en un tema como el cuidado del medio ambiente, la reducción de la actividad humana a causa de la pandemia trajo consigo una reducción en las emisiones de gases de efecto invernadero, lo que debe ser sin duda motivo de reflexión.

Desde un plano cultural, el COVID-19 supuso la emergencia y el florecimiento de nuevas formas de comunicación, interacción y diálogo social. Aplicaciones como Zoom y Google Meet se configuraron como mecanismos idóneos para llevar a cabo videoconferencias, clases en línea, actividades laborales o simplemente reuniones informales entre amigos y familias, todo ello derivado de la necesidad del confinamiento impuesto por muchos gobiernos alrededor del globo.

---

[68] *Cfr.* "La fábrica de virus se salió de control: Eugenio Raúl Zaffaroni", *El Economista*, disponible en https://www.eleconomista.com.mx/politica/La-fabrica-de-virus-se-salio-de-control-Eugenio-Raul-Zaffaroni-20200718-0020.html. [En línea: 18 de julio de 2020].

Tanto la educación en línea como el teletrabajo habían experimentado ya diversas modalidades de aplicación en tiempos anteriores a la pandemia. Sin embargo, el aislamiento social y el imperativo de no entrar en contacto con otras personas como mecanismo para disuadir la propagación del virus provocaron un crecimiento exponencial en la utilización de programas informáticos como los ya mencionados, mismos que incluso vieron incrementar el valor de sus acciones de una forma totalmente insospechada.

A diferencia de lo que sucedió con emergencias sanitarias vividas por la humanidad en otras etapas de la historia universal, en pleno año 2020 la sociedad pudo adaptarse mucho mejor a la coyuntura, sacando provecho de las tecnologías de información y comunicación. Efectivamente, y gracias a los avances científicos y tecnológicos en temas como acceso a Internet, informática, computación, cibernética e incluso otros campos más específicos del saber como la inteligencia artificial, la robótica, la nanotecnología o la ciencia de datos, la adaptabilidad se presentó en terrenos mucho más fértiles.

Sin embargo, y como no podría ser de otra manera, no todo es positivo o de beneficio cuando hablamos de las nuevas tecnologías. Por ejemplo, los impactos de más de dos años de educación eminentemente virtual todavía están por verse, tanto en el campo de los procesos educativos institucionales como de, con mayor razón, la formación de millones de estudiantes en todos los niveles, desde el preescolar hasta el universitario e incluso de posgrado, tanto para bien como para mal.

Ámbitos de estudio que requieren ser compaginados con una fuerte praxis, clínica y labor de campo, por ejemplo en las ciencias médicas y en las ciencias exactas, quedaron rebasados por la imposibilidad de acudir de forma directa a los lugares de enseñanza y aprendizaje. Además, la deserción escolar fue un tema recurrente a lo largo del confinamiento, tanto por temas de accesibilidad y falta de recursos tecnológicos y económicos como por la falta de sincronía con las exigencias de los modelos centrados al cien por ciento en la virtualidad, que era la única alternativa posible.

En lo laboral, mientras tanto, a pesar de que el trabajo en casa representó para algunas personas la posibilidad de pasar más tiempo en familia y vigilar por ejemplo a sus hijos pequeños, el llamado home office trae consigo un cúmulo de exigencias que a veces pueden ser mayores con respecto al desempeñarse en una oficina. Horario de trabajo y formas del mismo no siempre fueron par bien, por lo que esto es un aspecto relevante a tener en cuenta en la evaluación y el recuento de los daños pospandémicos.

Por lo que toca al ámbito personal y familiar, las formas de comunicación, fuera desde luego de lo ordinario, pudieron haber trastocado algunos de los cimientos de individuos y núcleos familiares, e incluso en el terreno del derecho a la protección de la salud, ocasionaron problemas de salud mental ya sea por la muerte o quebrantamiento del bienestar de seres queridos o ya sea por la soledad y el aislamiento en sí mismos que pudieron haber tenido verificativo.

Estrés, ansiedad, angustia, miedo o depresión son tópicos que, si en condiciones normales están presentes, vigentes y latentes, en situaciones de crisis aparecen con mayor contundencia, motivando la reflexión sobre el bienestar de nuestras mentes y de nuestros cerebros y de si, por ende, los hemos cuidado y atendido como es debido. Son muchas las interrogantes que se presentan sobre ello.

También es obligado relacionar lo anterior con la salud emocional que, en el caso de muchas personas, pudo haberse dañado. La falta de contacto físico con los demás, en algunos de los casos, contraviene el sentido gregario e interactivo que es intrínseco a la condición humana, así que es hasta cierto punto natural que hayan surgido todas estas dudas e incertidumbres a causa de un virus.

Como se puede intuir, el impacto social y cultural de la pandemia tiene una vinculación directamente proporcional con sus viñetas políticas, económicas o jurídicas, por lo que en la llamada nueva normalidad o era pospandémica se realza el deber de darle un seguimiento integral a las secuelas que en todos los órdenes se pueden llegar a presentar. Como no podía ser diferente, esto es una labor compartida.

En definitiva, debe verse a nuestra nueva realidad como una oportunidad para transformar nuestras estructuras individuales, sociales y organizacionales. Las lecciones, como enseña la historia, deben aprenderse y aprehenderse, pues de lo contrario estaremos condenados a repetirlas e incluso de formas mayúsculas, con resultados devastadores y desastrosos en cualquier plano imaginable.

Žižek,[69] refiriendo a la psiquiatra Elisabeth Kübler-Ross, señala que podemos adoptar un esquema de cinco etapas sobre las enfermedades y las pandemias: negación —uno simplemente se niega a aceptar el hecho—, ira —estado de explotación que llega cuando ya no se puede negar el hecho—, negociación —la esperanza de posponer o disminuir el hecho—, depresión —a manera de desinversión libidinal— y aceptación —imposibilidad de luchar contra el hecho pero preparación para lo que viene—; estas fases son igualmente aplicables a las formas de pérdida personal y no necesariamente se dan en el mismo orden.

El anterior esquema, al llevarlo al terreno del nuevo coronavirus, es perfectamente aplicable, pues como el mismo Žižek[70] sostiene, primero hubo una negación, bajo el supuesto argumento de que no había nada grave y había una siembra del pánico; luego se manifestó la ira, incluso a manera de racismo y discriminación, culpabilizando a la sociedad china; enseguida llegó la negociación, aceptando que había víctimas pero con una gravedad menor que otras crisis sanitarias como la suscitada, por ejemplo, por la influenza y pandemia H1N1 del año 2009; posteriormente llegó la depresión, cuando algunos sectores sociales llamaban a desen-

---

69 *Cfr.* Žižek, Slavoj, *Pandemic!: COVID-19 Shakes the world*, Nueva York, O/R Books, 2020, capítulo 5.

70 *Idem.*

gañarnos y a puntualizar que estábamos condenados; por último, la aceptación según Žižek,[71] debe ser de una reconciliación con la idea de que los virus siempre estarán aquí a manera de amenaza, y de que en todo caso, las epidemias virales explotan cuando menos lo esperamos. Este no es un asunto menor.

En lo social proyectado hacia lo económico, la pandemia dejará una cisis que ya ha dejado sentir efectos desde los meses más complicados, ocasionando que los gobiernos se enfrenten a desesperantes situaciones financieras, con pérdida de ingresos fiscales, gastos adicionales, necesidad de despido de personal y de recorte en beneficios de desempleo, lo que en su conjunto es una gran bomba de tiempo fiscal, así acuñada por el economista ganador del Premio Nobel Paul Krugman.[72]

Otro estudioso de la economía de gran envergadura como es Joseph Stiglitz,[73] igualmente laureado con el Premio Nobel en la materia, ha dicho que el COVID-19 está exponiendo la desigualdad sanitaria en Estados Unidos, teniendo en consideración que las minorías raciales y las comunidades más pobres han sido golpeadas desproporcionadamente por el nuevo coronavirus.

Al decir de Saskia Sassen,[74] hemos tenido pandemias con anterioridad y creemos que no va a pasar de nuevo y que la moder-

---

71 *Idem.*

72 *Cfr.* "Paul Krugman advirtió que cuando pase el coronavirus quedará 'una <<bomba de tiempo>> fiscal enorme'", *Infobae,* disponible en https://www.infobae.com/economia/2020/04/03/paul-krugman-advirtio-que-cuando-pase-el-coronavirus-quedara-una-bomba-de-tiempo-fiscal-enorme/. [En línea: 3 de abril de 2020].

73 *Cfr.* "Economist Joseph Stiglitz says coronavirus is 'exposing' health inequality in US", *CNBC,* disponible en https://www.cnbc.com/2020/04/14/economist-joseph-stiglitz-says-coronavirus-is-exposing-health-inequality-in-us.html. [En línea: 14 de abril de 2020].

74 *Cfr.* "Saskia Sassen, socióloga: 'Cuando los financieros hablan, muy pocos políticos entienden lo que dicen'", *El País,* disponible en https://elpais.com/ideas/2020-04-24/saskia-sassen-sociologa-cuando-los-financieros-hablan-muy-pocos-politicos-entienden-lo-que-di-

nidad no lo va a permitir. A su vez, Naomi Klein[75] opina que la normalidad era la crisis, y precisamente en situaciones de crisis como desastres o pandemias, las élites pueden socavar la idea de ciudadanía; lo normal es mortal y lo que llamamos "normalidad" es en sí misma una inmensa crisis, por lo que se presenta el requerimiento ineludible de catalizar una transformación masiva hacia una economía cuyo centro sea la protección de la vida en cuanto tal. Lo dicho es parte de un crisol cultural al partir debe reevaluarse el conjunto de las contingencias bajo un elemento integrador.

D. Perspectiva filosófica

Por último, pero no por ello menos importante, se pone de relieve la dimensión filosófica de la pandemia. En la idea de Žižek,[76] el nuevo coronavirus ha golpeado fuertemente al capitalismo que, incluso, podría reinventar el comunismo, haciendo necesario un cambio radical que traiga consigo una sociedad alternativa que vaya más allá del Estado-nación, todo ello originado por un virus diferente, uno de carácter ideológico. El poder de las ideas puede ser bueno o malo, dependiendo del cristal con que se mire.

En tal tenor, la filosofía política tiene espacios de reflexión amplios tanto en su visión interna como externa. No cabe duda que las democracias actuales, en varias de sus aristas, no han dado una

---

cen.html?fbclid=IwAR2E9mFAD8IeH-guu5-02ouW1rxDpaqgfp6Bs-JT8q8iCveUu5n4rrmfxe0M. [En línea: 24 de abril de 2020].

75 *Cfr.* "Naomi Klein: 'La gente habla sobre cuándo se volverá a la normalidad, pero la normalidad era la crisis'", *El Salto,* disponible en https://www.elsaltodiario.com/coronavirus/entrevista-naomi-klein-gente-habla-volver-normalidad-crisis-doctrina-shock?fbclid=IwAR2hK_lNyFBW1kB34xQT5aqKtc6xP9MuQWFhpE6WAEtokywlveX3vjf7vGU. [En línea: 1 de abril de 2020].

76 *Cfr.* "Slavoj Žižek: 'El coronavirus es un golpe al capitalism a lo 'Kill Bill' que podría reinventar el comunismo'", *RT en Español,* disponible en https://actualidad.rt.com/actualidad/344511-slavoj-zizek-coronavirus-golpe-capitalismo-kill-bill-reinventar-comunismo. [En línea: 29 de febrero de 2020].

respuesta satisfactoria a los reclamos de una amplia porción de habitantes del mundo que no se sienten adecuadamente representados tanto en los parlamentos como en los gobiernos, por lo que una nueva filosofía del Estado podría ser posible si no se entienden como es debido las problemáticas dialógicas de gobernantes y gobernados.

La filósofa Martha Nussbaum,[77] por otro lado, se refiere a la gran oportunidad que representa el COVID-19 para abrir nuestras vidas a las realidades de otros.[78] Refiere que esta suerte de cimbronazo sanitario, político, económico y social debe ser un tiempo de aprendizaje y resolución que debe ser aprovechado en todos los términos. Así como llegar para revolucionar nuestras vidas, si ponemos atención a las reflexiones de esta pensadora, tal revolución debe ser acompañada de una constante evolución.

En términos optimistas o pesimistas, según sea el ángulo del que se vea, indica que triunfaremos o caeremos juntos, enfatizando la necesidad de reivindicar la relevancia de la filosofía en tiempos de pandemia y cuarentena, pues es en éstos donde podemos replantearnos preguntas filosóficas vitales, literalmente hablando, tales como ¿qué es una buena vida?, ¿qué es la justicia hacia los demás?, ¿qué es una sociedad justa?, ¿cuáles son nuestras emociones y cómo pueden facilitar o impedir nuestros esfuerzos por ser buenos?.[79]

Los anteriores cuestionamientos, como cualquier planteamiento de la filosofía primigenia, son todo menos fácil de responder. Sin embargo, insertarnos en esa discusión es una obligación.

---

77 *Cfr.* "Martha Nussbaum: 'Esta pandemia es una gran oportunidad para abrir nuestras vidas a las realidades de otros'", *La Nación*, disponible en https://www.lanacion.com.ar/el-mundo/coronavirus-martha-nussbaum-esta-pandemia-es-gran-nid2358443. [En línea: 26 de abril de 2020].

78 Cuando pensemos en realidades de otras personas, siempre es conveniente acudir a Habermas, Jürgen, *La inclusión del otro. Estudios de teoría política*, trad. de Juan Carlos Velasco Arroyo, Barcelona, Paidós, 1999.

79 *Cfr.* "Martha Nussbaum...", *op cit.*, nota 47.

Preguntar, repreguntar, refutar y rebatir argumentos se torna imperiosamente necesario pues sólo a través de la lucidez de los pensamientos y el progreso de las mentalidades podremos ver una luz al final del túnel. La mayéutica socrática o la dialéctica hegeliana adquieren por ello mucha actualidad.

Puede haber, de la misma forma, un "narcicismo del miedo";[80] de ahí la necesidad de edificar una empresa donde quepamos todos para salir de la crisis. Inclusión, solidaridad y respeto por las y los demás son proyectos complicados filosóficamente hablando; sin embargo, acometerlos con la razón por delante es un deber civilizatorio si queremos aprender las lecciones del coronavirus.

Los "tiempos líquidos" de los que nos habla Bauman en su vasta obra[81] son un receptáculo directo de la crisis. Si bien es cierto que este constructo más bien pertenece al campo eidético de la sociología, bajo un cariz filosófico impacta en una visión de fragilidad de las cosas, las estructuras y las instituciones. La idea de lo "frágil" repercute en el despojo de la identidad y en que la misma se vacíe de contenidos de forma progresiva, a causa de una combinación de crisis variopintas, de distinta índole y de calado igualmente diverso. La búsqueda de salidas adquiere una complejidad inusitada.

---

80 Sobre el miedo en general, en sentido filosófico y sociológico, véase Bauman, Zygmunt, *Miedo líquido. La sociedad contemporánea y sus temores*, trad. de Albino Santos Mosquera, México, Paidós, 2013. Del mismo autor, artífice del constructo de los "tiempos líquidos", acúdase a sus obras *Amor líquido. Acerca de la fragilidad de los vínculos humanos*, México, Fondo de Cultura Económica, 2005; *Identidad*, Buenos Aires, Losada, 2005; *La globalización. Consecuencias humanas*, México, Fondo de Cultura Económica, 1998; *Modernidad líquida*, México, Fondo de Cultura Económica, 2003; *Reflexiones sobre un mundo líquido*, Barcelona, Paidós, 2017; *Tiempos líquidos. Vivir en una época de incertidumbre*, México, Tusquets, 2009; *Trabajo, consumismo y nuevos pobres*, Barcelona, Gedisa, 2000; *Vida de consumo*, México, Fondo de Cultura Económica, 2007; *Vida líquida*, Barcelona, Paidós, 2006.

81 Para un acercamiento general a ella, véase la nota anterior.

Frágil, quebradiza y quebrantable es nuestra salud como es el sistema sanitario, el sistema político o el sistema económico en el que vivimos; lo que no puede ser frágil de ninguna manera es nuestra capacidad de respuesta. El mundo líquido contemporáneo reivindica la debilidad de muchos cimientos de la vida colectiva. Lo identitario, según se decía, puede llegar a ser una quimera si no se toma en serio como es debido.

Por último, pero no por ello menos relevante, es siempre prudente acudir al pensamiento de uno de los más grandes filósofos contemporáneos como es Jürgen Habermas, quien en ocasión de la crisis del nuevo coronavirus emite un contundente aserto: "nunca habíamos sabido tanto de nuestra ignorancia".[82] Lo anterior es así porque como apunta este insigne pensador alemán, la presión de actuar en medio de la inseguridad existencial es inédita, pues ésta es global, simultánea y latente en la cabeza de los individuos conectados por medio de redes comunicacionales.[83]

La filosofía, pues, se convierte en algo urgente para escapar de ésta y las demás crisis. Reflexionar sobre las cosas y las causas nunca había sido tan actual como en los tiempos convulsoso que nos ha tocado vivir. No es sencillo, no es fácil, pero hay que afirmar con rotundidad que pensar y actuar con sentido crítico insufla un poder, acaso el más grande de todos los poderes: el poder de la razón.

---

82 *Cfr.* "Habermas: nunca habíamos sabido tanto de nuestra ignorancia", *La Vanguardia,* disponible en https://www.lavanguardia.com/cultura/20200404/48295927411/habermas-nunca-habiamos-sabido-tanto-de-nuestra-ignorancia.html. [En línea: 4 de abril de 2020].

83 *Idem.*

II. DERECHO A LA PROTECCIÓN DE LA SALUD Y COVID-19

1. El derecho a la protección de la salud, el nuevo coronavirus y el sistema jurídico mexicano

El nuevo coronavirus puso en riesgo tanto el derecho a la protección de la salud como el conjunto de los derechos fundamentales de todas las personas a lo largo y ancho del orbe, empezando por el derecho a la vida. Por esta razón, además de los mecanismos propiamente jurídicos para hacerlos valer, mucho de lo que se hizo o se dejó de hacer al respecto dependió mucho de la voluntad política de las y los gobernantes, con resultados heterogéneos, por decir lo menos.

En el caso mexicano, es necesario contemplar si hay ciertos mecanismos especiales o circuitos constitucionales *ad hoc* que pudieron haber sido activados durante el punto más álgido de la contingencia. La Constitución General de la República en el artículo 73, fracción XVI, dispone que el Congreso de la Unión tiene facultad "para dictar leyes sobre nacionalidad, condición jurídica de los extranjeros, ciudadanía, naturalización, colonización, emigración e inmigración y salubridad general de la República". Ahora bien en este precepto hay cuatro bases particulares que, por su redacción específica, es dable reproducir:

> 1a. El Consejo de Salubridad General dependerá directamente del Presidente de la República, sin intervención de ninguna Secretaría de Estado, y sus disposiciones generales serán obligatorias en el país.
>
> 2a. En caso de epidemias de carácter grave o peligro de invasión de enfermedades exóticas en el país, la Secretaría de Salud tendrá obligación de dictar inmediatamente las medidas preventivas indispensables, a reserva de ser después sancionadas por el Presidente de la República.
>
> 3a. La autoridad sanitaria será ejecutiva y sus disposiciones serán obedecidas por las autoridades administrativas del País.

> 4a. Las medidas que el Consejo haya puesto en vigor en la Campaña contra el alcoholismo y la venta de sustancias que envenenan al individuo o degeneran la especia humana, así como las adoptadas para prevenir y combatir la contaminación ambiental, serán después revisadas por el Congreso de la Unión en los casos que le competan.

En el tema concreto del COVID-19, es la base segunda —reformada mediante decreto publicado en el *Diario Oficial de la Federación* el 2 de agosto de 2007, casual y aproximadamente dos años antes de que se desatara la primera gran pandemia del presente siglo, *i. e.*, la correspondiente a la gripe A (H1N1), también conocida coloquialmente como influenza o gripe porcina— la que tendría una aplicabilidad más directa, aunque la primera y la tercera se pudieran interpretar sistemáticamente en conjunto con ella.

Tal base segunda especifica que la activación de este supuesto hipotético normativo se da en el caso de epidemias graves o de enfermedades que se pudieran propagar desmedidamente; en tal situación, la dependencia de la administración pública centralizada del ramo, es decir, la Secretaría de Salud, está obligada en cuanto tal a actuar de manera preventiva a partir de una serie de medidas que, con posterioridad, habrán de ser sancionadas por el titular del Poder Ejecutivo Federal.

Es de señalar que aquí se pudiera localizar una contradicción con los principios del proceso administrativo en general y de la gestión pública, pues es el primer mandatario el que debería dictar tales medidas, pues como indica la base primera, encabeza el Consejo de Salubridad General y, además, por una cuestión totalmente lógica, es la máxima autoridad en el país.

La base tercera, mientras tanto, alude al principio de ejecutividad del cual están provistas las disposiciones, actos y conductas de la autoridad sanitaria. Sus directrices deben ser obedecidas por completo por la totalidad de las autoridades administrativas, lo cual, asociado al contenido de la base segunda, adquiere una importancia todavía mayor en función de una situación de crisis o emergencia sanitaria.

Mención aparte requieren los estados de emergencia. Como es bien sabido en la teoría constitucional, este tipo de escenarios activan mecanismos para paliar las crisis que tengan causas bélicas, naturales o de extrema gravedad. En tal tenor, posibilitan una suspensión parcial y temporal de ciertos derechos y garantías. Dicha suspensión no puede exceder de los marcos normativos explícitamente aprobados para tales efectos.

El artículo 29 de la Constitución Política de los Estados Unidos Mexicanos —otro de los dispositivos que deben ser tomados en cuenta al momento en que se presente un problema grave de salud pública como el que aconteció con el COVID-19—, a guisa de ejemplo, determina que en casos de invasión, perturbación grave de la paz pública o cualquier otra circunstancia que ponga a la sociedad en grave peligro o conflicto, el titular del Ejecutivo con aprobación del Congreso de la Unión o de la Comisión Permanente según sea el caso, podrá restringir o suspender en todo el país ciertos derechos y garantías. En todo momento debe haber una debida fundamentación y motivación, además de que deben respetarse los principios de legalidad, racionalidad, proclamación, publicidad y no discriminación.

Bajo ninguna circunstancia se pueden restringir o suspender las siguientes prerrogativas, garantías y principios:

- Derecho a la no discriminación.
- Derecho al reconocimiento de la personalidad jurídica.
- Derecho a la vida.
- Derecho a la integridad personal.
- Derecho a la protección de la familia.
- Derecho al nombre.
- Derecho a la nacionalidad.
- Derechos de la niñez.
- Derechos políticos.

- Libertades de pensamiento, conciencia y de profesar creencia religiosa alguna.
- Principio de legalidad y retroactividad.
- Prohibición de la pena de muerte.
- Prohibición de la esclavitud y la servidumbre.
- Prohibición de la desaparición forzada y la tortura.
- Garantías judiciales indispensables para la protección de los anteriores derechos.

En el plano convencional, la Convención Americana sobre Derechos Humanos —también conocida como Pacto de San José— preconiza en su artículo 27 lo relativo a la suspensión de obligaciones contraídas en virtud de dicho tratado internacional cuando haya guerras, peligro público o emergencias que amenacen la independencia o seguridad de un Estado parte, siempre que tales disposiciones no sean incompatibles con las demás obligaciones internacionales y no entrañen discriminación en términos de raza, color, sexo, idioma, religión u origen social.

Así como lo hace la Constitución mexicana, el Pacto de San José indica tajantemente que el supuesto hipotético normativo aludido implique la suspensión de determinados derechos y garantías —cuya justificación, por supuesto, se de manera automática y racional—, que son los que a continuación se enuncian:

- Derecho al reconocimiento de la personalidad jurídica.
- Derecho a la vida.
- Derecho a la integridad personal.
- Prohibición de esclavitud y servidumbre.
- Principio de legalidad y de retroactividad.
- Libertad de conciencia y de religión.
- Protección a la familia.
- Derecho al nombre.

- Derechos del niño.
- Derecho a la nacionalidad.
- Derechos políticos.
- Garantías judiciales indispensables para la protección de tales derechos.

Los estados de excepción requieren de un uso específico de las fuerzas armadas y/o policiales para enfrentar las crisis, lo cual exige un grado atemperado en ese tipo de funciones para evitar una peligrosa aproximación a la represión; si ésta se llega a dar, bajo cualquier circunstancia habría una lesión grave al Estado de Derecho. El uso desproporcionado de la fuerza, simplemente, no tiene cabida, inclusive en situaciones de emergencia.

En México, según se anotó previamente, no se activó el mecanismo previsto por el artículo 29 constitucional, por lo que no hubo técnicamente un estado de excepción ni una suspensión de derechos y garantías bajo tal tesitura. Sin embargo, y como también se había apuntado, sí se restringieron determinados derechos fundamentales pero en un marco de cierta ambigüedad, pues los decretos administrativos emitidos a lo largo y ancho de todo el país eran de dudosa constitucionalidad. Es por ello que quizá lo más viable hubiese sido decretar el estado de emergencia pero siguiendo lo dispuesto por nuestro código político, tal y como se hizo en otros lugares del orbe.

A manera de crítica constructiva, también puede decirse que el Consejo de Salubridad General debió haber tenido una injerencia mucho más particular en las decisiones, estrategias y políticas públicas a seguir; si bien es cierto que se trata de una figura jurídica y constitucional que data de mucho tiempo atrás, no menos válido resulta afirmar que la gestión normativa y política de la pandemia pudo haber llegado a mejores puertos a partir del diálogo y el consenso como elementos centrales de dicho Consejo. En lo sucesivo, conviene replantear y mejorar su estructura constitucional, a efecto de que pueda coadyuvar decisivamente con el tratamiento de futuras situaciones críticas y de emergencia.

Para finalizar el presente apartado, se reproducen diversos criterios que se han emitido en el seno del Poder Judicial de la Federación en México, los cuales hablan del impacto que en tan poco tiempo ha tenido el COVID-19 en un sentido jurídico:

Suprema Corte de Justicia de la Nación

Registro digital: 2023762

Instancia: Plenos de Circuito

Undécima Época

Materias(s): Común, Laboral

Tesis: PC.I.L. J/6 L (11a.)

Fuente: Gaceta del Semanario Judicial de la Federación. Libro 7, Noviembre de 2021, Tomo III

, página 2360

Tipo: Jurisprudencia

AUTORIDAD RESPONSABLE EQUIPARADA EN TÉRMINOS DEL ARTÍCULO 5o., FRACCIÓN II, PÁRRAFO SEGUNDO, DE LA LEY DE AMPARO. TIENEN TAL CALIDAD LOS PATRONES AL DESATENDER LA NORMATIVA, LOS MANDATOS ADMINISTRATIVOS O LAS RECOMENDACIONES DE LA ORGANIZACIÓN MUNDIAL DE LA SALUD (OMS), GENERADOS DE MANERA EXTRAORDINARIA PARA COMBATIR LA PANDEMIA POR EL VIRUS SARS-CoV2 (COVID-19), CUANDO NIEGAN, IMPIDEN U OMITEN AUTORIZAR LA AUSENCIA AL CENTRO DE TRABAJO DE UN TRABAJADOR EN SITUACIÓN DE VULNERABILIDAD EN EL CONTEXTO DE LA EPIDEMIA.

Hechos: Los Tribunales Colegiados de Circuito contendientes sostuvieron posturas divergentes al analizar el reclamo del quejoso respecto de la omisión de su patrón de ordenar el resguardo domiciliario por encontrarse en un grupo considerado vulnerable, pues uno determinó que el ente demandado en amparo no tenía la calidad de autoridad responsable, debido a que la relación existente entre las partes es de coordinación entre patrón y empleados, otro de los Tribunales resolvió que sí reunía las características propias del acto de autoridad susceptible de ser impugnado mediante el juicio de amparo, al no aplicarle en su beneficio el resguardo domiciliario a pesar de que pertenece a un grupo vulnerable, mientras que un diverso Tribunal contendiente concluyó que no solamente se había realizado en el ámbito laboral, sino también con el carácter de derechohabiente, por lo cual el juicio de amparo indirecto es procedente, ya que el ente demandado es un organismo público descentralizado que, conforme a la legislación que lo rige, está facultado para emitir actos que crean, modifican o extinguen situaciones jurídicas de manera unilateral u obligatoria, o bien, puede incurrir en omisión de actos que, de realizarse, crearían, modificarían o extinguirían situaciones jurídicas.

Criterio jurídico: El Pleno en Materia de Trabajo del Primer Circuito determina que las entidades patronales –independientemente del nivel al que pertenezcan–, en términos del artículo 5o., fracción II, de la Ley de Amparo, actúan como autoridad responsable equiparable al desatender la normativa, los mandatos administrativos o las recomendaciones de la Organización Mundial de la Salud (OMS), generados de manera extraordinaria para combatir la pandemia por el virus SARS-CoV2 (COVID-19), cuando niegan, impiden u omiten autorizar la ausencia al centro de trabajo de un trabajador en situación de vulnerabilidad en el contexto de la epidemia generada por la enfermedad citada, ya que ponen en riesgo los derechos humanos a la vida, a la salud y a la integridad personal de la parte trabajadora, además de poner en riesgo el bienestar de la comunidad; derechos que no es posible garantizar en forma efectiva y verdadera a través del juicio laboral ordinario, por lo cual procede el juicio de amparo indirecto, puesto que el estar sujetos a una relación de coordinación derivada de un vínculo de trabajo no les quita el estatus de particular, y de ser igual de vulnerables que el resto de la población.

Justificación: El artículo 5o., fracción II, párrafo segundo, de la Ley de Amparo dispone: "Para los efectos de esta ley, los particulares tendrán la calidad de autoridad responsable cuando realicen actos equivalentes a los de autoridad, que afecten derechos en los términos de esta fracción, y cuyas funciones estén determinadas por una norma general."; bajo tal descripción normativa, y en atención al estándar determinado por la Primera Sala de la Suprema Corte de Justicia de la Nación para caracterizar a un acto de particular como acto de autoridad en la tesis aislada 1a. XXI/2020 (10a.), de título y subtítulo: "AMPARO INDIRECTO CONTRA ACTOS DE PARTICULARES. INTERPRETACIÓN DEL ARTÍCULO 5o., FRACCIÓN II, SEGUNDO PÁRRAFO, DE LA LEY DE AMPARO.", donde señaló que debe cumplirse un estándar de dos pasos, se sigue que el primero exige relacionar el reclamo de la violación constitucional al ejercicio de una prerrogativa o poder normativo cuya fuente sea de una autoridad estatal en términos generales, en tanto que el segundo paso es material y exige evaluar la materialidad de dicha prerrogativa, es decir, si el acto reviste un interés público diferenciado. Por lo anterior, se establece que son autoridades responsables equiparadas las entidades patronales que omitan acatar las disposiciones tendentes a proteger a los empleados frente a la pandemia desencadenada por el coronavirus, por no mandar a realizar trabajo en casa a los grupos vulnerables, al tratarse de una cuestión que va más allá del aspecto laboral, y que por ello puede ser sometida al escrutinio constitucional, puesto que se encuentran actuando de manera extraordinaria frente a la pandemia generada por el virus SARS-CoV2 (COVID-19), quienes han atendido a las directrices establecidas por la Secretaría de Salud en el combate a la pandemia, por tanto, actúan como autoridades responsables equiparadas por medio de sus operadores patronales independientemente del nivel al que pertenezcan, cuando son omisos en evitar que sus empleados, considerados vulnerables ante la enfermedad generada por el referido virus, asistan a los centros de trabajo, por el peligro en que se expone la salud y la vida del personal médico, por lo cual, al ponerse en riesgo tan altos bienes jurídicos, procede el juicio de amparo indirecto.

PLENO EN MATERIA DE TRABAJO DEL PRIMER CIRCUITO.

Contradicción de tesis 4/2021. Entre las sustentadas por los Tribunales Colegiados Primero, Décimo Cuarto y Décimo Quinto, todos en Materia de Trabajo del Primer Circuito. 27 de septiembre de 2021. Mayoría de trece votos a favor de los Magistrados Herlinda Flores Irene, Jorge Rafael Olivera Toro y Alonso, Arturo Cedillo Orozco, Antonio Rebollo Torres, Martín Ubaldo Mariscal Rojas, Ángela Teresita de Jesús Estrada Esparza, Tomás Martínez Tejeda, Ángel Ponce Peña, Víctor Aucencio Romero Hernández, Nelda Gabriela González García (formula voto concurrente), Fernando Silva García (formula voto concurrente), Armando Ismael Maitret Hernández y Alicia Rodríguez Cruz. Disidentes: Osiris Ramón Cedeño Muñoz, María Eugenia Olascuaga García, Laura Serrano Alderete y Juan Alfonso Patiño Chávez (formula voto concurrente). Ponente: Víctor Aucencio Romero Hernández. Secretario: Raúl Bolaños Molina.

Criterios contendientes:

El sustentado por el Primer Tribunal Colegiado en Materia de Trabajo del Primer Circuito, al resolver el amparo en revisión 42/2020, el sustentado por el Décimo Cuarto Tribunal Colegiado en Materia de Trabajo del Primer Circuito, al resolver el amparo en revisión 46/2020, y el diverso sustentado por el Décimo Quinto Tribunal

Colegiado en Materia de Trabajo del Primer Circuito, al resolver la queja 51/2020.

Nota: En términos del artículo 44, último párrafo, del Acuerdo General 52/2015, del Pleno del Consejo de la Judicatura Federal que reforma, adiciona y deroga disposiciones del similar 8/2015, relativo a la integración y funcionamiento de los Plenos de Circuito, esta tesis forma parte del engrose relativo a la contradicción de tesis 4/2021, resuelta por el Pleno en Materia de Trabajo del Primer Circuito.

La tesis aislada 1a. XXI/2020 (10a.) citada, aparece publicada en el Semanario Judicial de la Federación del viernes 14 de agosto de 2020 a las 10:22 horas y en la Gaceta del Semanario Judicial de la Federación, Décima Época, Libro 77, Tomo IV, agosto de 2020, página 3041, con número de registro digital: 2021955.

Esta tesis se publicó el viernes 12 de noviembre de 2021 a las 10:23 horas en el Semanario Judicial de la Federación y, por ende, se considera de aplicación obligatoria a partir del día hábil siguiente, 16 de noviembre de 2021, para los efectos previstos en el punto noveno del Acuerdo General Plenario 1/2021.

Suprema Corte de Justicia de la Nación

Registro digital: 2023130

Instancia: Tribunales Colegiados de Circuito

Undécima Época

Materias(s): Común, Laboral

Tesis: VII.1o.T. J/1 L (10a.)

Fuente: Gaceta del Semanario Judicial de la Federación. Libro 1, Mayo de 2021, Tomo III, página 2239

Tipo: Jurisprudencia

AUTO INICIAL DE TRÁMITE DE LA DEMANDA DE AMPARO INDIRECTO. NO ES LA ACTUACIÓN PROCESAL OPORTUNA PARA ANALIZAR SI EL ACTO RECLAMADO PROVIENE DE UNA AUTORIDAD PARA EFECTOS DEL JUICIO DE AMPARO, CUANDO SE RECLAMA LA NEGATIVA DE RESGUARDO DOMICILIARIO PARA PREVENIR EL CONTAGIO POR EL CORONAVIRUS SARS-CoV2 DURANTE LA EMERGENCIA SANITARIA.

En el auto señalado, el Juez de Distrito no está en posibilidad jurídica ni material de determinar si el acto reclamado, consistente en la omisión de tomar las medidas necesarias para evitar el contagio por el virus SARS-CoV2 y la negativa del resguardo domiciliario, proviene o no de una autoridad para efectos del juicio de amparo, ya que en esta etapa del procedimiento únicamente constan en el expediente los argumentos plasmados en el escrito inicial de demanda y las pruebas que se acompañaron a ésta, por lo que no se está en aptitud de desecharla bajo el argumento de que se actualiza el citado motivo manifiesto e indudable de improcedencia, ya que no es evidente, claro ni fehaciente que las autoridades señaladas como responsables, Instituto Mexicano del Seguro Social (IMSS) y Petróleos Mexicanos (Pemex), actúen exclusivamente como particulares, tomando en cuenta que para llegar a esa conclusión tendría que analizarse si sus actos u omisiones son o no equivalentes a los de autoridad, que afecten derechos en términos del artículo 5o., fracción II, de la Ley de Amparo, cuya potestad o función deriva de una norma general y abstracta, de modo que su reconocimiento dependerá del planteamiento realizado por el quejoso y de la posibilidad de evaluar el acto como lesivo de su esfera de derechos fundamentales, como cuando se solicita ausentarse de las labores por aquel motivo, al autoubicarse en algún grupo vulnerable por razón de salud, o por tener bajo su cuidado a personas vulnerables, lo que obedece a que las condiciones derivadas de la pandemia por el COVID-19, en el ámbito laboral, son inéditas y han motivado la emisión de diversos decretos para salvaguardar la salud de la ciudadanía. Por tanto, para determinar si las señaladas como responsables actúan o no como autoridades para efectos del juicio de amparo, se deben analizar tales condiciones, lo que requiere de un análisis exhaustivo, que no es propio del auto de inicio, sino de la sentencia de fondo y, por ende, debe admitirse la demanda de amparo.

PRIMER TRIBUNAL COLEGIADO EN MATERIA DE TRABAJO DEL SÉPTIMO CIRCUITO.

Queja 78/2020. 4 de febrero de 2021. Unanimidad de votos. Ponente: María Isabel Rodríguez Gallegos. Secretaria: Angélica Gómez Torres.

Queja 134/2020. 4 de febrero de 2021. Unanimidad de votos. Ponente: Martín Jesús García Monroy. Secretaria: Edna Guadalupe Pérez García.

Queja 140/2020. 4 de febrero de 2021. Unanimidad de votos. Ponente: Martín Jesús García Monroy. Secretario: Arturo Hernández Segovia.

Queja 141/2020. 4 de febrero de 2021. Unanimidad de votos. Ponente: Martín Jesús García Monroy. Secretaria: Claudia Vázquez Montoya.

Queja 179/2020. 11 de febrero de 2021. Unanimidad de votos. Ponente: María Isabel Rodríguez Gallegos. Secretaria: Ana María Avendaño Reyes.

Nota:

El criterio contenido en esta tesis fue objeto de la denuncia relativa a la contradicción de tesis 1/2021, del Pleno en Materia de Trabajo del Séptimo Circuito, de la que derivó la tesis jurisprudencial PC.VII.L. J/1 L (11a.) de título y subtítulo: "AUTO INICIAL DE TRÁMITE DE LA DEMANDA DE AMPARO. EXCEPCIONALMENTE PUEDE CONSTITUIR LA ACTUACIÓN PROCESAL OPORTUNA PARA ANALIZAR SI EL ACTO RECLAMADO PROVIENE DE UNA AUTORIDAD PARA EFECTOS DEL JUICIO DE AMPARO, CUANDO TIENE RELACIÓN CON LAS MEDIDAS PREVENTIVAS (RESGUARDO DOMICILIARIO), ANTE LA CONTINGENCIA SANITARIA POR EL VIRUS SARS-CoV2."

Por ejecutoria del 27 de octubre de 2021, la Segunda Sala declaró sin materia la contradicción de tesis 124/2021, derivada de la denuncia de la que fue objeto el criterio contenido en esta tesis, al considerar que esta Sala al fallar la diversa contradicción de tesis 56/2021, sostuvo que debía prevalecer con carácter de jurisprudencia el criterio 2a./J. 34/2021 (11a.), se precisó además, que similares consideraciones se sostuvieron al resolver la diversa contradicción de tesis 127/2021, de la que derivó la jurisprudencia 2a./J. 42/2020 (10a).

Esta tesis se publicó el viernes 21 de mayo de 2021 a las 10:26 horas en el Semanario Judicial de la Federación y, por ende, se considera de aplicación obligatoria a partir del lunes 24 de mayo de 2021, para los efectos previstos en el punto noveno del Acuerdo General Plenario 1/2021.

Suprema Corte de Justicia de la Nación

Registro digital: 2022253

Instancia: Tribunales Colegiados de Circuito

Décima Época

Materias(s): Común

Tesis: XVII.1o.P.A. J/30 K (10a.)

Fuente: Gaceta del Semanario Judicial de la Federación. Libro 79, Octubre de 2020, Tomo II, página 1763

Tipo: Jurisprudencia

SUSPENSIÓN DE OFICIO Y DE PLANO EN EL AMPARO. PROCEDE CONCEDERLA CONTRA LA OMISIÓN DE PROPORCIONAR AL PERSONAL QUE LABORA EN LOS HOSPITALES PÚBLICOS EXPUESTO AL CONTAGIO DEL VIRUS SARS-CoV2 (COVID-19), LOS INSUMOS Y EQUIPO MÉDICO ADECUADOS PARA LA PROTECCIÓN DE SU SALUD.

Cuando se reclama de las autoridades responsables la omisión de proveer al personal mencionado los insumos y equipo médico adecuados a efecto de tratar a la población en general, con la finalidad de contar con la protección personal correspondiente para no ser contagiados por el virus SARS-CoV2 (COVID-19), procede conceder la suspensión de oficio y de plano, prevista en el artículo 126 de la Ley de Amparo, pues de las consideraciones torales que dieron lugar a la Resolución Número 1/2020, sobre la Pandemia y Derechos Humanos en las Américas (adoptada por la Comisión Interamericana de Derechos Humanos el diez de abril de dos mil veinte), se concluye que la pandemia generada por el coronavirus de que se trata trastoca el derecho humano a la salud, por lo que puede constituir un acto que incida en la pérdida de la vida. Además, si bien es cierto que el acto reclamado es negativo, también lo es que conforme a la evolución de la teoría constitucional sobre la medida cautelar, ésta ya establecía efectos anticipados siempre y cuando se actualizara la apariencia del buen derecho y el peligro en la demora, sin dejar de observar el orden público y el interés social; de ahí que en términos del artículo 129, fracción V, de la Ley de Amparo procede otorgar la suspensión al considerar que se siguen perjuicios al interés social o se contravienen disposiciones de orden público cuando de concederse la providencia cautelar se impida la ejecución de medidas para combatir epidemias de carácter grave.

PRIMER TRIBUNAL COLEGIADO EN MATERIAS PENAL Y ADMINISTRATIVA DEL DÉCIMO SÉPTIMO CIRCUITO.

Queja 79/2020. Titular del Órgano de Operación Administrativa Desconcentrada Estatal Chihuahua del Instituto Mexicano del Seguro Social. 12 de mayo de 2020. Unanimidad de votos. Ponente: José Raymundo Cornejo Olvera. Secretario: Pablo Chávez Gamboa.

Queja 80/2020. Delegada del Instituto Mexicano del Seguro Social. 15 de mayo de 2020. Unanimidad de votos. Ponente: Rosalba

Salazar Luján, secretaria de tribunal autorizada por la Comisión de Carrera Judicial del Consejo de la Judicatura Federal para desempeñar las funciones de Magistrada, con apoyo en los artículos 26, párrafo segundo y 81, fracción XXII, de la Ley Orgánica del Poder Judicial de la Federación, en relación con el artículo 40, fracción V, del Acuerdo General del Pleno del Consejo de la Judicatura Federal, por el que se expide el similar que reglamenta la organización y funcionamiento del propio Consejo; y reforma y deroga diversas disposiciones de otros acuerdos generales. Secretario: Irving Armando Anchondo Anchondo.

Queja 82/2020. Delegado del Instituto Mexicano del Seguro Social en Chihuahua y otros. 15 de mayo de 2020. Unanimidad de votos. Ponente: José Raymundo Cornejo Olvera. Secretaria: Claudia Alejandra Alvarado Medinilla.

Queja 87/2020. Titular del Órgano de Operación Administrativa Desconcentrada Estatal Chihuahua del Instituto Mexicano del Seguro Social y otros. 19 de mayo de 2020. Unanimidad de votos. Ponente: José Martín Hernández Simental. Secretario: Juan Carlos Rivera Pérez.

Queja 107/2020. Director del Hospital General Regional Número 1 del Instituto Mexicano del Seguro Social y otro. 1 de junio de 2020. Unanimidad de votos. Ponente: José Raymundo Cornejo Olvera. Secretario: Pablo Chávez Gamboa.

Esta tesis se publicó el viernes 16 de octubre de 2020 a las 10:26 horas en el Semanario Judicial de la Federación y, por ende, se considera de aplicación obligatoria a partir del lunes 19 de octubre de 2020, para los efectos previstos en el punto séptimo del Acuerdo General Plenario 16/2019.

Suprema Corte de Justicia de la Nación

Registro digital: 2024636

Instancia: Tribunales Colegiados de Circuito

Undécima Época

Materias(s): Constitucional, Común

Tesis: I.15o.C.2 K (11a.)

Fuente: Gaceta del Semanario Judicial de la Federación. Libro 13, Mayo de 2022, Tomo V, página 4496

Tipo: Aislada

ACCESO A LA JURISDICCIÓN. PARA FAVORECERLO ANTE EL FENÓMENO DE SALUD PÚBLICA ORIGINADO POR EL VIRUS SARS-CoV2 (COVID-19), LOS JUZGADORES FEDERALES DEBEN SER RECEPTIVOS FRENTE A LA PROMOCIÓN DE DEMANDAS E INTERPOSICIÓN DE RECURSOS ELECTRÓNICAMENTE.

Hechos: El Juez de Distrito al dictar la resolución recurrida, indicó que la demanda de amparo presentada mediante el Portal de Servicios en Línea del Poder Judicial de la Federación carecía de evidencia criptográfica, por lo que ante la falta de exteriorización de la voluntad, determinó desecharla.

Criterio jurídico: Este Tribunal Colegiado de Circuito determina que derivado de las restricciones que los justiciables deben atender producto de las recomendaciones hechas por las autoridades sanitarias, por la situación actual que se vive a nivel mundial producto de la enfermedad originada por el virus SARS-CoV2 (COVID-19), el Consejo de la Judicatura Federal, conforme a las nuevas reglas de funcionamiento de los órganos jurisdiccionales impuestas a través de los acuerdos emitidos, ha exhortado a los juzgadores a ser receptivos frente a la promoción de demandas e interposición de recursos electrónicamente, pues ante la situación destacada debe favorecerse el acceso a la jurisdicción.

Justificación: Lo anterior, porque ante la situación inédita derivada por el fenómeno de salud pública producto de la pandemia originada por el virus SARS-CoV2, que produce la enfermedad COVID-19, el Gobierno de la República, a través de las autoridades sanitarias, ha implementado una serie de medidas que pretende inhibir el contagio del referido padecimiento, entre las cuales destacan el distanciamiento social y evitar aglomeración de personas en lugares públicos, lo que ha llevado a la suspensión de labores en determinados momentos en forma general y, en otros, parcial o de forma limitada. Indudablemente, esas restricciones también han alcanzado a la función jurisdiccional de impartición de justicia, dificultando en forma específica la promoción de demandas y recursos de manera física. Por ello, la Justicia Federal, a través del Consejo de la Judicatura Federal, respondiendo a la situación sanitaria descrita, ha emitido una serie de acuerdos que han regulado la actividad jurisdiccional durante el curso de la pandemia al ordenar, en un primer momento, la suspensión de labores, plazos y términos, para posteriormente implementar el regreso a las actividades en forma escalonada, estableciendo los lineamientos para la atención de los asuntos urgentes y aquellos que se encuentren en estado de resolución, exhortando a los justiciables para que se acojan al esquema de "juicios en línea". De esa manera, el Consejo de la Judicatura Federal en sesión extraordinaria celebrada el veintiocho de julio de dos mil veinte, emitió el Acuerdo General 21/2020, relativo a la reanudación de plazos y al regreso escalonado en los órganos jurisdiccionales ante la contingencia por el virus COVID-19, el cual levantó la suspensión de plazos y términos a partir del tres de agosto de dos mil veinte y fijó las bases para el desarrollo de la actividad jurisdiccional en condiciones que pusieran en el menor riesgo posible a las personas justiciables y al personal de los juzgados y tribunales, estableciendo el regreso de actividades en forma limitada y bajo nuevas disposiciones de operación a través de herramientas novedosas y promover la utilización de tecnologías de la información, comunicaciones electrónicas, el trabajo a distancia, el máximo aprovechamiento de las capacidades productivas de los órganos jurisdiccionales y como eje rector en la tramitación de expedientes, la actuación electrónica mediante el uso del portal de servicios en línea del Poder Judicial Federación. Por lo que ante la dramática realidad que se vive en torno a la enfermedad COVID-19 y conforme a las nuevas reglas de operación de los órganos jurisdiccionales emitidas por el Consejo de la Judicatura Federal, se ha exhortado a los juzgadores a ser receptivos con la situación destacada, favoreciendo el acceso a la justicia, tomando en consideración la serie de restricciones que los justiciables debe atender derivado de las recomendaciones hechas por las autoridades sanitarias, las cuales provocan dificultad de actuaciones en forma presencial ante los órganos jurisdiccionales. En ese sentido, ante la promoción en forma electrónica de demandas, recursos o, incluso, promociones de término en los que se desahoga algún tipo de prevención trascendente en el curso del procedimiento, que carecen del certificado de encriptación, pero de los que se advierten elementos que permiten suponer su autenticidad por derivar de parte legítima, es necesario ser receptivos y favorecer el acceso a la justicia previniendo al promovente su ratificación o demostración del requisito omitido; considerar lo contrario representa un engaño para los justiciables, pues mientras que el Consejo de la Judicatura Federal ha exhortado a la población a utilizar la plataforma electrónica a fin de que por ese conducto se presenten demandas, escritos y recursos, algunos juzgadores han optado por aplicar con extremo rigor los criterios jurisprudenciales existentes en relación con las formalidades en la promoción de juicios, incidentes y recursos que se emplean durante las actividades normales previas al surgimiento de la pandemia que se cursa, lo que representa un contrasentido que deja a los litigantes en un estado de incertidumbre e inseguridad. Apertura y receptividad que debe permanecer vigente hasta tanto culmine el estado de emergencia de salud al que se ha hecho referencia.

DÉCIMO QUINTO TRIBUNAL COLEGIADO EN MATERIA CIVIL DEL PRIMER CIRCUITO.

Queja 190/2020. 20 de enero de 2021. Mayoría de votos. Disidente: Daniel Horacio Escudero Contreras. Ponente: Francisco Javier Sandoval López. Secretario: Carlos Ortiz Toro.

Queja 167/2021. 18 de agosto de 2021. Mayoría de votos. Disidente: Daniel Horacio Escudero Contreras. Ponente: Francisco Javier Sandoval López. Secretario: José Luis Cruz Martínez.

Nota: El Acuerdo General 21/2020, del Pleno del Consejo de la Judicatura Federal, relativo a la reanudación de plazos y al regreso escalonado en los órganos jurisdiccionales ante la contingencia por el virus COVID-19 citado, aparece publicado en el Semanario Judicial de la Federación del viernes 7 de agosto de 2020 a las 10:15 horas y en la Gaceta del Semanario Judicial de la Federación, Décima Época, Libro 77, Tomo VII, agosto de 2020, página 6715, con número de registro digital: 5481.

La presente tesis aborda el mismo tema que la diversa I.7o.P. J/10 K (10a.), de título y subtítulo: "DEMANDA DE AMPARO INDIRECTO PRESENTADA VÍA ELECTRÓNICA. LA FALTA DE FIRMA ELECTRÓNICA CERTIFICADA (FIREL) DEL QUEJOSO, NO ACTUALIZA DE MANERA MANIFIESTA E INDUDABLE LA CAUSA DE IMPROCEDENCIA DEL JUICIO POR INCUMPLIMIENTO DEL PRINCIPIO DE INSTANCIA DE PARTE AGRAVIADA, QUE DÉ LUGAR A SU DESECHAMIENTO DE PLANO, ATENTO A LAS CIRCUNSTANCIAS EXTRAORDINARIAS DE PANDEMIA QUE PREVALECEN EN EL PAÍS GENERADAS POR EL VIRUS SARS-CoV2 (COVID-19) [INAPLICABILIDAD DE LA JURISPRUDENCIA P./J. 8/2019 (10a.)].", publicada en el Semanario Judicial de la Federación del viernes 4 de junio de 2021 a las 10:10 horas y en la Gaceta del Semanario Judicial de la Federación, Undécima Época, Libro 2, Tomo V, junio de 2021, página 4877, con número de registro digital: 2023202, que es objeto de las denuncias relativas a las contradicciones de tesis 100/2021 y 237/2021, pendientes de resolverse por el Pleno de la Suprema Corte de Justicia de la Nación.

Esta tesis se publicó el viernes 20 de mayo de 2022 a las 10:25 horas en el Semanario Judicial de la Federación.

Suprema Corte de Justicia de la Nación

Registro digital: 2022256

Instancia: Tribunales Colegiados de Circuito

Décima Época

Materias(s): Administrativa, Común

Tesis: XVII.1o.P.A. J/31 K (10a.)

Fuente: Gaceta del Semanario Judicial de la Federación. Libro 79, Octubre de 2020, Tomo II, página 1764

Tipo: Jurisprudencia

VIRUS SARS-CoV2 (COVID-19). AL CONSTITUIR SU BROTE UNA EMERGENCIA DE SALUD PÚBLICA DE IMPORTANCIA INTERNACIONAL, AMERITA EL ESTABLECIMIENTO DE MEDIDAS PREVENTIVAS URGENTES PARA LA PROTECCIÓN DEL PERSONAL QUE PRESTA SUS SERVICIOS EN LOS HOSPITALES PÚBLICOS Y ESTÁ EXPUESTO AL CONTAGIO.

La Organización Mundial de la Salud declaró al brote del virus SARS-CoV2 (COVID-19) una emergencia de salud pública de importancia internacional y, posteriormente, una pandemia, derivado del incremento en el número de casos existentes en los países que los han confirmado. Así, dicha situación tan grave amerita el establecimiento de medidas preventivas urgentes, principalmente en relación con las personas que tienen mayor riesgo, como lo son los adultos mayores y aquellas que tengan afectaciones de salud, pero también para la protección del personal que presta sus servicios en algún hospital público y está expuesto al contagio del virus mencionado.

PRIMER TRIBUNAL COLEGIADO EN MATERIAS PENAL Y ADMINISTRATIVA DEL DÉCIMO SÉPTIMO CIRCUITO.

Queja 79/2020. Titular del Órgano de Operación Administrativa Desconcentrada Estatal Chihuahua del Instituto Mexicano del Seguro Social. 12 de mayo de 2020. Unanimidad de votos. Ponente: José Raymundo Cornejo Olvera. Secretario: Pablo Chávez Gamboa.

Queja 80/2020. Delegada del Instituto Mexicano del Seguro Social. 15 de mayo de 2020. Unanimidad de votos. Ponente: Rosalba Salazar Luján, secretaria de tribunal autorizada por la Comisión de Carrera Judicial del Consejo de la Judicatura Federal para desempeñar las funciones de Magistrada, con apoyo en los artículos 26, párrafo segundo y 81, fracción XXII, de la Ley Orgánica del Poder Judicial de la Federación, en relación con el artículo 40, fracción V, del Acuerdo General del Pleno del Consejo de la Judicatura Federal, por el que se expide el similar que reglamenta la organización y funcionamiento del propio Consejo; y reforma y deroga diversas disposiciones de otros acuerdos generales. Secretario: Irving Armando Anchondo Anchondo.

Queja 82/2020. Delegado del Instituto Mexicano del Seguro Social en Chihuahua y otros. 15 de mayo de 2020. Unanimidad de votos. Ponente: José Raymundo Cornejo Olvera. Secretaria: Claudia Alejandra Alvarado Medinilla.

Queja 87/2020. Titular del Órgano de Operación Administrativa Desconcentrada Estatal Chihuahua del Instituto Mexicano del Seguro Social y otros. 19 de mayo de 2020. Unanimidad de votos. Ponente: José Martín Hernández Simental. Secretario: Juan Carlos Rivera Pérez.

Queja 107/2020. Director del Hospital General Regional Número 1 del Instituto Mexicano del Seguro Social y otro. 1 de junio de 2020. Unanimidad de votos. Ponente: José Raymundo Cornejo Olvera. Secretario: Pablo Chávez Gamboa.

Esta tesis se publicó el viernes 16 de octubre de 2020 a las 10:26 horas en el Semanario Judicial de la Federación y, por ende, se considera de aplicación obligatoria a partir del lunes 19 de octubre de 2020, para los efectos previstos en el punto séptimo del Acuerdo General Plenario 16/2019.

Suprema Corte de Justicia de la Nación

Registro digital: 2022082

Instancia: Tribunales Colegiados de Circuito

Décima Época

Materias(s): Civil

Tesis: XVII.1o.C.T.36 C (10a.)

Fuente: Gaceta del Semanario Judicial de la Federación. Libro 78, Septiembre de 2020, Tomo II, página 977

Tipo: Aislada

RÉGIMEN DE VISITAS Y CONVIVENCIAS DEL MENOR CON UNO DE SUS PROGENITORES, FRENTE A LA PANDEMIA GENERADA POR EL VIRUS SARS-CoV2 (COVID-19). ATENTO AL INTERÉS SUPERIOR DEL INFANTE, CORRESPONDE PRIVILEGIAR SU DERECHO A LA VIDA Y A LA SALUD, SOBRE EL DERECHO A LA CONVIVENCIA CON AQUÉLLOS, POR ENDE, EL JUEZ DEBE PROVEER LAS MEDIDAS NECESARIAS PARA QUE ESTA ÚLTIMA SE EFECTÚE A DISTANCIA.

La Ley General de los Derechos de Niñas, Niños y Adolescentes, en su artículo 23 dispone que las niñas, niños y adolescentes cuyas familias estén separadas, tendrán derecho a convivir o mantener relaciones personales y contacto directo con sus familiares de modo regular, excepto en los casos en que el órgano jurisdiccional competente determine que ello es contrario al interés superior de la niñez; de manera que el derecho del infante a la convivencia con sus progenitores, por regla general, se encamina a la conservación de un entorno saludable y favorable para su pleno desarrollo personal y emocional; sin embargo, puede suspenderse cuando exista peligro para el menor, a fin de salvaguardar su interés superior. Luego, en términos del artículo 88 del Código Federal de Procedimientos Civiles, de aplicación supletoria a la Ley de Amparo, constituye un hecho notorio, que el once de marzo de dos mil veinte, la Organización Mundial de la Salud declaró a la pandemia generada por el virus SARS-CoV2 (COVID-19) como una emergencia de salud pública de interés internacional y emitió una serie de recomendaciones para su control, entre las que prevalecen el resguardo domiciliario corresponsable; que consiste en la limitación voluntaria de movilidad, permaneciendo en el domicilio particular el mayor tiempo posible. Bajo ese contexto, tratándose del régimen de visitas y convivencias del infante con uno de sus padres durante la situación pandémica en cuestión, debe estimarse que el solo hecho de sustraer al infante de su domicilio, trasladarlo e incorporarlo a un nuevo ambiente, implica realizar un evento que lo hace más propenso a contraer el virus, lo que conllevaría poner en riesgo su salud y, en consecuencia, la vida; por ende, atento al interés superior de aquél, corresponde privilegiar su derecho a la vida y la salud sobre el de convivir con su progenitor, el cual se limitará a una modalidad a distancia, por lo que el órgano jurisdiccional debe procurar el resguardo del infante y dictar las providencias necesarias, según las particularidades del caso, para el desarrollo de la convivencia a distancia a través de los medios de comunicación disponibles, y a los que se pudiera tener fácil acceso, como videollamadas, reuniones virtuales en plataformas electrónicas, u otros similares, con la regularidad suficiente, a fin de mantener comunicación continua entre el infante y su progenitor, estableciendo como obligación del progenitor con quien cohabite, el permitir el sano desarrollo de tales convivencias, de manera que se lleven a cabo en forma libre y espontánea.

PRIMER TRIBUNAL COLEGIADO EN MATERIAS CIVIL Y DE TRABAJO DEL DÉCIMO SÉPTIMO CIRCUITO.

Queja 31/2020. 19 de julio de 2020. Unanimidad de votos. Ponente: Brenda Nohemí Rodríguez Lara, secretaria de tribunal autorizada para desempeñar las funciones de Magistrada, en términos de lo dispuesto en el artículo 81, fracción XXII, de la Ley Orgánica del Poder Judicial de la Federación, en relación con el numeral 40, fracción V, del Acuerdo General del Pleno del Consejo de la Judicatura Federal, que reglamenta la organización y funcionamiento del propio Consejo. Secretaria: Nancy Denisse Zárate Cano.

Nota:

Esta tesis fue objeto de la denuncia relativa a la contradicción de tesis 267/2020 de la Primera Sala, de la que derivó la tesis jurisprudencial 1a./J. 11/2021 (10a.) de título y subtítulo: "SUSPENSIÓN DEL ACTO RECLAMADO. CUANDO ÉSTE CONSISTE EN UNA DETERMINACIÓN JUDICIAL QUE ORDENA UN RÉGIMEN DE CONVIVENCIA PROVISIONAL EN FORMA PRESENCIAL Y LIBRE ENTRE UN MENOR DE EDAD Y EL PROGENITOR NO CUSTODIO, EL CONTEXTO DE LA PANDEMIA POR LA ENFERMEDAD COVID-19, PERMITE QUE LA SUSPENSIÓN SE OTORGUE MODULANDO LA CONVIVENCIA PARA QUE SE REALICE A DISTANCIA POR MEDIOS ELECTRÓNICOS, SIEMPRE Y CUANDO EL MATERIAL PROBATORIO CON QUE SE CUENTE AL PROVEER LA MEDIDA NO PERMITA FIJAR UNA DISTINTA COMO MÁS PROTECTORA DE SU INTERÉS SUPERIOR."

Por ejecutoria del 23 de febrero de 2022, la Primera Sala declaró improcedente la contradicción de tesis 324/2021, derivada de la denuncia de la que fue objeto el criterio contenido en esta tesis.

Esta tesis se publicó el viernes 04 de septiembre de 2020 a las 10:13 horas en el Semanario Judicial de la Federación.

2. El derecho a la protección de la salud, el nuevo coronavirus y algunos pronunciamientos de carácter internacional

Como era de esperarse, el COVID-19 ocasionó un efecto cascada y una ola de manifestaciones por parte de diversas instituciones de gobernanza a nivel mundial y regional. Consideramos conveniente rescatar algunas de ellas, pues profundizan en la problemática y en las posibles soluciones no sólo momentáneas sino de largo aliento en términos de derechos sociales y salud en general, además de que las instituciones que emitieron dichos pronunciamientos gozan de mayor o menor credibilidad en el entorno internacional, aunque con ciertos recovecos y/o vicisitudes.

Siempre tendrá un peso específico y un valor agregado la capacidad de respuesta que tengan las instituciones internacionales, pues además de que proyectan los deberes hacia cada Estado nacional individualmente considerado, en su seno convergen distintos actores y factores provenientes de espacios heterogéneos. Por ello es que su apertura al diálogo y al consenso resulta esencial.

Hablaremos entonces, así sea en su superficie, de los siguientes documentos o reuniones suscitados en momentos álgidos de la emergencia sanitaria y en diferentes puntos geográficos, tanto en América como en Europa: a) el Periodo Extraordinario de Sesiones de la Asamblea General de las Naciones Unidas en respuesta a la pandemia de enfermedad por coronavirus (COVID-19) de 3 y 4 de diciembre de 2020; b) las conclusiones del Consejo de la Unión Europea sobre el COVID-19; c) Guía de acción política para enfrentar la pandemia del COVID-19 de la Organización de los Estados Americanos; d) Plan estratégico de preparación y respuesta de la Organización Mundial de la Salud; e) Declaración de la Corte Interamericana de Derechos Humanos 1/20.

a) Periodo Extraordinario de Sesiones de la Asamblea General de las Naciones Unidas en respuesta a la pandemia de enfermedad por coronavirus (COVID-19) de 3 y 4 de diciembre de 2020: reconoce que la pandemia no es sólo la mayor crisis sanitaria mundial desde la creación de la Organización de las Naciones Unidas sino que también es una crisis humanitaria, socioeconómica, de seguridad y de derechos humanos; igualmente, promueve tres líneas de funcionamiento: dar una respuesta sanitaria a gran escala, coordinada e integral, adoptar políticas frente a los efectos causados por la crisis y un proceso de recuperación para un mundo mejor.

b) Conclusiones del Consejo de la Unión Europea sobre el COVID-19: el 13 de febrero de 2020, este Consejo instó a los Estados miembros a actuar conjuntamente, de un modo proporcionado y adecuado en consonancia con las recomendaciones de la Organización Mundial de la Salud, en aras de tomar medidas necesarias y adecuadas para garantizar la protección de la salud pública.

c) Guía de acción política para enfrentar la pandemia del COVID-19 de la Organización de los Estados Americanos: decreta que la democracia, el orden constitucional y el Estado de Derecho son condiciones necesarias para lograr el respeto irrestricto de las libertades fundamentales y la plena vigencia de los derechos humanos durante la emergencia ocasionada por el nuevo coronavirus.

d) Plan estratégico de preparación y respuesta de la Organización Mundial de la Salud: puntualiza las medidas de salud pública que la comunidad internacional debe proveer como respuesta al nuevo coronavirus; exhorta a establecer coordinación internacional y apoyo operacional, a que los Estados estén adecuadamente preparados en sus operaciones de respuesta al virus, así como a acelerar la investigación y la innovación.

e) Declaración de la Corte Interamericana de Derechos Humanos 1/20: determina que, entratándose de COVID-19 y derechos humanos, los problemas debe ser abordados con perspectiva de derechos humanos y respetando las obligaciones internacionales; entre otras cosas, debe haber diálogo y cooperación internacional, cuidar el uso de la fuerza, evitar la discriminación, y enfatizar los derechos a la vida y a la salud; hablando de este último, debe protegerse a través de un respeto amplio a la dignidad humana y en plena observancia de los principios fundamentales de la bioética, todo ello conforme a los estándares interamericanos de disponibilidad, accesibilidad, aceptabilidad y calidad; los organismos multilaterales, cualquiera que sea su naturaleza, tienen el deber de apoyar y cooperar de manera conjunta con los Estados.

III. LA CULTURA JURÍDICA Y LA CULTURA DE DERECHOS FUNDAMENTALES COMO HERRAMIENTAS PARA PALIAR Y PREVENIR LAS CRISIS

Las nociones de "cultura jurídica", "cultura de derechos fundamentales" e incluso la de "cultura constitucional" están relacionadas entre sí; sin embargo, de las mismas no se puede predicar sinonimia. Contribuyen de alguna u otra forma a crear una conciencia colectiva donde la protección y efectiva vigencia de los derechos humanos es uno de los fundamentos sociales por excelencia.

La cultura por sí misma desarrolla hábitos, costumbres, experiencias y modelos de vida, por lo que cuando hablamos de "cultura jurídica" y "cultura de derechos fundamentales" hacemos alusión a un sistema de vida donde el cumplimiento de la norma es la regla y no la excepción, es lo ordinario y no lo extraordinario. Este cumplimiento se da a través de los principios de inmediatez, exactitud y correspondencia. Se produce, pues, un imaginario social donde hacer valer el Estado de Derecho va implícito en la noción y en la praxis de la ciudadanía propiamente dicha.

Igualmente, en una cultura de este tipo que esté ampliamente desarrollada, los derechos humanos cuentan con mecanismos plenamente operativos para hacerse valer no nada más en el discurso sino sobre todo en la realidad social, de tal suerte que representen un aura colectiva que insufla patrones de conducta totalmente legítimos, bien correspondidos y bien delimitados. Si se respetan los derechos de los demás y los nuestros en particular, estos patrones culturales orientan el sentido del Estado en una dirección positiva y podremos llegar a una armonía para todas y todos.

Ahora bien, no es fácil aterrizar lo anterior en el caso de los derechos económicos, sociales, culturales y ambientales, pues a diferencia de los llamados derechos civiles y políticos, no son solamente más recientes por lo que hace a su prefiguración jurídica y cultural sino que han sido objeto de fuertes reticencias por parte de las autoridades, sobre todo por la enorme cifra de deberes que se les adjudican en pos de lograr su operatividad. Ese sentido de resistencia impacta, claro está, en su efectividad.

Los derechos económicos, sociales, culturales y ambientales han sido históricamente vistos más bien como una serie de promesas constitucionales sin escenarios de realización cierta, y no como normas programáticas dotadas de exigibilidad jurídica. Afortunadamente esto ha ido cambiando, y dicho proceso de transformación que ha sido impulsado en ámbitos como el de la jurisdicción internacional y la justicia constitucional no es sino una muestra del poderío de la cultura jurídica y la cultura de derechos fundamentales que se ha instaurado con solvencia y rotundidad en muchas latitudes.

Los derechos sociales, genéricamente hablando, se ejercen de forma deliberativa en todas las arenas posibles, tanto desde la perspectiva del litigio estratégico como del activismo ciudadano, pensando en tan sólo un par de herramientas específicamente diseñadas y configuradas para tales efectos. Tal cuestión trae aparejados diversos aspectos en el terreno, sobre todo, de la promoción.

Promover los derechos humanos implica divulgarlos, difundirlos, comprenderlos, así como educar, gobernar y vivir con base en ellos como categorías culturales fuertes fincadas en la solidaridad, la tolerancia, el pluralismo, la heterogeneidad y la apertura. Del mismo modo, esa promoción se desdobla en valores, principios, modelos de convivencia, directrices actitudinales, pensamientos, sentimientos y comportamientos arraigados en la dignidad humana como idea directriz que es.

Conocer los derechos y ejercerlos en una sociedad crítica y comprometida de manera fraterna es otra de las aristas que debemos tener en cuenta cuando nos refiramos a la necesidad ineludible de promoverlos y de generar herramientas de información y canales de comunicación idóneos para que se disfruten en todo su elemento. En el capital tema de la salud, lo dicho eleva su razón de ser al máximo.

Esta promoción implica también una labor amplia de concientización entre cada sector social individualmente considerado, de tal forma que las personas sepan perfectamente el grado de compromiso que tienen asumido al formar parte de una colectividad, de un país o de otro tipo de conglomerado humano. Definitivamente, una buena manera de medir, calificar, calibrar, diagnosticar y catalogar la política pública de una nación en materia de derechos humanos es observar de forma sistemática lo que se hace o se deja de hacer entratándose de los derechos y libertades.

Asimismo, la gobernanza cooperativa y la horizontalidad en la toma de decisiones no pueden simplemente eliminarse del mapa de la promoción de los derechos, pues se trata de decisiones políticas fundamentales donde todas y todos estamos, o deberíamos estar, plenamente involucrados. Por eso es que la participación ciudadana es crucial al respecto, así como el decidido apoyo de la sociedad civil en general y de las organizaciones no gubernamentales tanto en el plano local como en el nacional y en el global.

Al final del día, tendríamos que apuntar a la consecución y a la concreción de una cultura de derechos fundamentales en sentido amplio y una cultura de derechos sociales en particular. En el momento en que existe un condicionamiento adecuado, armónico e integral sobre los derechos no sólo como posibilidades sino como realidades, podemos hablar de que hay un sendero correcto con destino a la eficacia tanto normativa como política. Validez y eficacia no son lo mismo, evidentemente.

Una cultura de derechos fundamentales se edifica en el día a día y es algo que debería importarle a toda la sociedad. El respeto a los derechos por convicción y no sólo por la amenaza de consecuencias para el caso de que ocurra lo contrario es otro eje que articula a esa cultura, misma que se instaura como un proceso de adquisición personal y colectivo. La cultura es, pues, hábito y estilo de vida.

Cuando ya entramos al terreno de la salud como derecho, es mucho lo que se puede hacer para mejorar el estado imperante de cosas y poder anticipar así futuras pandemias u otros problemas concretos de salud pública. Para empezar, hay que ser categóricos en el hecho de que, tratándose de salud pública, no puede haber ningún techo o limitación presupuestal, al tratarse de una de las demandas más sentidas de la ciudadanía y una de las que inciden con mayor peso específico en su calidad de vida.

Paliar y prevenir las crisis sanitarias no es algo que se pueda efectuar en automático o a partir de hipótesis académicas, pues la realidad casi siempre sobrepasa a lo eminentemente teorético. Sin embargo, podemos señalar diez propuestas mínimas para que lo que se ha trazado al menos esté provisto de viñetas ciertas, concretas y factibles: 1) acceder al sistema de salud en condiciones de libertad e igualdad; 2) optimizar la infraestructura sanitaria; 3) mejorar la calidad de hospitales, clínicas y centros de atención en general; 4) dignificar el desarrollo profesional de todo el personal sanitario; 5) fomentar el incremento de estudiantes de la Medicina; 6) sacar provecho de las tecnologías de información y comunicación; 7) configurar una red internacional de intercambio de información sanitaria e investigación sobre temas médicos y científicos de coyuntura; 8) ligar adecuadamente a la salud con la educación y el ejercicio de la información; 9) garantizar las vacunas y los fármacos esenciales más utilizados por la población; y 10) involucrar de todas las maneras posibles al sector privado y al sector social con los principales desafíos en materia de salud pública. Hagamos ahora un breve apunte sobre cada uno de estos planteamientos propositivos y prospectivos.

1) Acceder al sistema de salud en condiciones de libertad e igualdad.- Una buena porción del éxito o no de los sistemas sanitarios y de las políticas públicas en materia de salud se define por el gran tema del acceso a tales sistemas, pues la escasez o insuficiencia en ello sería, irrefutablemente, un reflejo de profundas necesidades de cambio para que se dinamice la satisfacción del derecho humano que nos ocupa.

2) Optimizar la infraestructura sanitaria.- Por infraestructura podemos entender todo el cúmulo de canales técnicos, instalaciones, herramientas, recursos y servicios en general

que resultan necesarios para encauzar un servicio público y el derecho humano intrínsecamente ligado a éste, que en nuestro caso sería la salud. En razón de lo anterior, es un deber de los gobiernos mantener y mejorar toda la infraestructura en salud, procurando que sea totalmente digna.

3) Mejorar la calidad de hospitales, clínicas y centros de atención en general.- En íntima conexión con el punto anterior, un tópico más que fundamental para la infraestructura sanitaria es el que concierne a clínicas y hospitales, los cuales, en su vertiente pública, deben acudir a un profundo proceso de revisión administrativa, de reordenación en cuanto a su gestión y de renovación en cuanto a los espacios físicos.

4) Dignificar el desarrollo profesional de todo el personal sanitario.- Desde sueldos, salarios y emolumentos que puedan ser tildados de dignos, hasta posibilidades reales de ascensos cuando ello sea posible y un entorno laboral competitivo, estable y armónico, el desarrollo profesional de médicas, médicos, enfermeras, enfermos y todo el personal sanitario es crucial para que todos los vericuetos que atraviesan las y los pacientes puedan ser resueltos de una manera adecuada.

5) Fomentar el incremento de estudiantes y profesionales de la Medicina.- A pesar de que en países como México es una de las carreras más demandadas, tendría que potenciarse todavía más a la Medicina como tópico de desarrollo profesional tanto en su lado clínico como en el investigativo, destinando un porcentaje adecuado del producto interno bruto para tales efectos.

6) Sacar provecho de las tecnologías de información y comunicación.- La computación, la informática y la cibernética han llegado para quedarse en el quehacer médico, pero una mayor cantidad de saberes científicos se incoporan al mismo, tales como la robótica, la nanotecnología o la inteligencia artificial. En todo ello, es determinante el espacio que ocupan las tecnologías de información y comunicación,

específicamente Internet, por lo que debe sopesarse en su contexto.

7) Configurar una red internacional de intercambio de información sanitaria e investigación sobre temas médicos y científicos de coyuntura.- Una comunicación cada vez más acelerada y con nichos de aplicación sumamente positiva es algo que conlleva la era digital que estamos experimentando, por lo que ante cada amenaza sanitaria que pudiera llegar a surgir, especialistas médicos, científicos e investigativos a lo largo y ancho del orbe pueden interactuar con mucha mayor facilidad, apertura y objetividad, creando soluciones para cualquier problemática que se presente y con un ahorro significativo de tiempo, dinero y esfuerzo.

8) Ligar adecuadamente a la salud con la educación y el ejercicio de la información.- Aunque ya se abordó al momento de esbozar las principales relaciones del derecho a la protección de la salud con otros derechos humanos, tiene que insistirse en que la educación y la información son dos poderosas herramientas para un mejor estado de cosas cuando se vislumbre la construcción de una ciudadanía sanitaria en toda la extensión de la expresión. Se trata de un par de llaves que permiten abrir diversas puertas cuando se alude no sólo a la dimensión social de la salud sino a lo que corresponde a cada persona en aras de su cuidado y salvaguarda.

9) Garantizar las vacunas y los fármacos esenciales más utilizados por la población.- Como bienes vitales y esenciales que son, las vacunas y los fármacos forman parte de un patrimonio tangible pero simultáneamente invaluable por lo que hace a la vida de las personas. Lucrar con este tipo de bienes, definitivamente, debe quedar vedado en los escenarios contemporáneos, a pesar de las muchas resistencias que se puedan llegar a dar al respecto.

10) Involucrar de todas las maneras posibles al sector privado y al sector social con los principales desafíos en materia de salud pública.- Si hemos reiterado la idea de una gobernanza

sanitaria en sentido cooperativo, y si ésta apunta a una interacción firme de los diferentes intervinientes en una colectividad, tanto el sector privado como el sector social están cargados de una fuerte responsabilidad que debe anteponerse a sus intereses particulares, lo cual, claro está, se maximiza en el caso del sector corporativo o empresarial. Les asiste, pues, un deber dialéctico que debe reflejarse en acciones concretas, compromisos públicos y responsabilidades políticas, y no sólo en un inventario de buenas intenciones.

Un tema que merece un comentario aparte es el del resarcimiento de los daños a causa de la pandemia. Cuando nos preguntemos qué pasará con los cientos de miles de personas que sufren secuelas a causa del nuevo coronavirus, las respuestas simple y sencillamente no serán fáciles de formular. Si bien es cierto que no se puede imputar a los Estados la totalidad de la responsabilidad por este tipo de casos, lo que sí es posible es cuestionarlos activamente por la falta de previsión, por las múltiples omisiones que pudieron llegar a tener, así como por la inadecuada gestión de la crisis sanitaria.

IV. EL DERECHO A LA PROTECCIÓN DE LA SALUD DE CARA AL FUTURO

Hacia lo que viene, es válido aseverar que el derecho a la protección de la salud tiene que asumirse, visualizarse y configurarse desde una perspectiva preventiva. Así se podrán anticipar las pandemias que vienen y el mundo podrá estar mejor preparado para afrontarlas y evitar muchos de los elementos deficitarios que se presentaron en ocasión del COVID-19. Esto es capital tenerlo en cuenta.

En el derecho fundamental que nos ocupa hay un campo extraordinario de experimentación pero sobre todo de mejora cuando aludimos al Estado constitucional y democrático de Derecho en su vertiente social, todo un laboratorio no sólo de ideas sino de prácticas para mejorar la institucionalidad, el ser, el sentido y el conjunto de todos los derechos fundamentales, dadas las relaciones que guardan unos con otros.

Siguiendo a Elías Díaz,[84] hay en nuestro presente la exigencia ineludible de un buen Estado social, uno que esté a la altura de los desafíos contemporáneos, a fin de lograr a través de vías que se caractericen por la pluralidad una efectiva y eficaz satisfacción para todas y todos los ciudadanos de un núcleo central de necesidades básicas concebidas con criterio racionalmente expansivo, avanzando así hacia un Estado y una sociedad verdaderamente democráticos y una igualdad palmaria ante la ley; las necesidades más básicas de las personas deben quedar excluidas del mercado y jamás deben estar sometidas, subordinadas o supeditadas a él, además de que el Estado como tal, en una idea plena de justicia —justicia entendida como experiencia, en el sentido de Zagrebelsky[85]—, tendría que reservar la estricta gratuidad de determinados bienes y servicios, así como su atención preferente para los sectores sociales menos favorecidos y más marginados.

Por supuesto que la salud es uno de esos aspectos que encuadran en la anterior ecuación de política pública. Satisfacer las necesidades ciudadanas con una dosis solvente de racionalidad luce como una necesidad y no como una mera alternativa ante el convulso panorama que se presenta en ocasión de la postpandemia, en donde las zonas grises, espacios de penumbra y las áreas de oportunidad parecen multiplicarse.

En el futuro a corto, mediano y largo plazo, lo sanitario debe pensarse a la luz de una esfera pública global en donde converjan las principales demandas e inquietudes de la sociedad civil. Tal

---

[84] *Ética contra política*, 2a. ed., México, Fontamara, 1998, p. 127.

[85] *Vid.* Zagrebelsky, Gustavo y Martini, Carlo María, *La exigencia de justicia*, trad. de Miguel Carbonell, Madrid, Trotta, 2006. Un análisis de esta idea en clave de derechos sociales se puede localizar en Arroyo Cisneros, Edgar Alán, "La justicia como experiencia y los derechos sociales: una necesaria relación", *Vínculos. Sociología, análisis y opinión*, Guadalajara, núm. 10, 2017.

y como argumenta Habermas, el espacio público-político es una "caja de resonancia para problemas que han de ser elaborados por el sistema político porque no pueden ser resueltos en otra parte. En esta medida el espacio público-político es un sistema de avisos con sensores no especializados, pero que despliegan su capacidad perceptiva a lo largo y ancho de toda la sociedad".[86] En ese sistema político deben tener un lugar privilegiado todos los intervinientes de los procesos sanitarios, empezando por las y los ciudadanos.

En otro orden de ideas, siempre será obligado tener en cuenta que el derecho a la protección de la salud, para efectos de tipologías, forma parte de los derechos económicos, sociales y culturales, los cuales implican deberes de solidaridad. Sin embargo, estos deberes también deben concebirse bajo la óptica de la voluntad y la convicción, no sólo a manera de una obligatoriedad jurídica provista de amenazas o sanciones. Si se logra entender esta perspectiva de la solidaridad, definitivamente podremos avanzar bastante en el ámbito cultural, *i. e.*, en la instalación de nuevos modelos de convivencia.

Es preciso observar que un mínimo universal de salud resulta concomitante a la sustancia y al ejercicio de este derecho fundamental. Debe recordarse, además, que para que una persona esté sana o goce de un adecuado nivel de salud, no se trata sólo de que no tenga enfermedades o afecciones, sino que posea un bienestar integral en diferentes esferas, como son la física, la mental, la emocional, la social e incluso la espiritual. Este proceso debe darse en todas las etapas de la vida, desde la niñez hasta que la persona se convierte en adulta mayor.

Por ende, es preciso observar las áreas de oportunidad que se tienen en todas esas fases, pues las necesidades sanitarias de un niño no serán jamás iguales a las de un adulto mayor, un adoles-

---

86 Habermas, Jürgen, *Facticidad y validez. Sobre el Derecho y el Estado democrático de Derecho en términos de teoría del discurso,* introd. y trad. de Manuel Jiménez Redondo, 5a. ed., Madrid, Trotta, 2008, p. 439.

cente, un adulto joven o un adulto maduro. Todo esto es parte de lo que debe procesar el Estado en aras de garantizar la prerrogativa de marras, a sabiendas de que el impacto político no equivale necesariamente el impacto social de sus acciones.

El bienestar es una noción sumamente importante que se asocia indisolublemente con la salud. En dicho constructo se aglutinan una serie de elementos, condiciones, actores y factores de la mayor importancia, orientados todos ellos al hecho de que el bienestar apunta al desarrollo armónico e integral de los individuos —concebido como desarrollo humano— y a un estado de paz en todos los niveles.

El bienestar, además, se orienta a lograr un equilibrio en los ámbitos mencionados, sobresaliendo lo mental, lo físico y lo emocional. No es que se desdeñe por ejemplo al terreno espiritual, pero más bien esto depende de cada persona en ejercicio de su libertad de creencias, pensamientos y convicciones éticas, por lo que ya dependerá de ella si decide incorporarlo o no a la ruta de su bienestar.

Una vida más plena se logra por un proceso definido y determinado que corresponde a las personas pero en el cual el Estado tiene un rol específico a través de las atribuciones, obligaciones y responsabilidades que le marcan la Constitución y la legislación secundaria correspondiente. Es entonces una labor compartida pero siempre orientada a través de postulados normativos y directrices políticas.

Sin embargo, no puede dejar de mencionarse que el bienestar y la plenitud como factores de incidencia en la salud también tienen una dimensión individual, que corresponde a cada persona en el sentido de sus decisiones, determinaciones y elecciones. Cada quien decide si consume alimentos saludables o no, si realiza actividad física o no, si atiende su salud mental o no, con todo y que el Estado debe en todo momento cumplir y realizar sus funciones de promoción, prevención y formulación de políticas públicas para brindar un acompañamiento a la ciudadanía en todos estos aspectos.

La plenitud, derivado de lo anterior, abarca también un concepto que jurídicamente es difuso, vago, ambiguo y para algunos intransitable en dicha perspectiva pero que no puede dejar de mencionarse, como es la felicidad, en donde se alcance el mayor potencial posible que se tenga como persona —ya sea que se trate de un instrumento aspiracional o no—. Felicidad y armonía van de la mano en este panorama.

Plenitud, equilibrio y estado óptimo de salud son cuestiones que forman parte de una misma construcción tanto teórica como práctica; se trata de una tríada del todo relevante para un adecuado desenvolvimiento personal, familiar y desde luego social, en donde la integridad también se pone de relieve como objetivo central. El bienestar se configura como un destino deseado pero difícil de conseguir.

Sin embargo, el bienestar como cultura y como factor que robustece la eficacia del derecho fundamental a la protección de la salud, diversifica su extensión al incorporar temáticas como la vitalidad, la felicidad, el amor propio, la energía en el actuar personal, familiar y social o la productividad y eficiencia en el trabajo. Siendo un factor cultural, provee insumos para una mayor concientización en todos los planos posibles y para la habilitación de elementos culturales solventes.

Al enlazar la importancia de lo mental y lo físico, el bienestar pretende lograr una mayor autonomía individual y, por ende, familiar y social de las personas. Al lado de ello, busca conectar esto con la idea de la autorrealización, mediante la cual los estilos de vida deben basarse en hábitos saludables, siempre buscando una mejora constante del cuerpo humano, la mente y las emociones. De nueva cuenta hace su aparición el aspecto espiritual, aunque como ya se había dicho, jurídicamente este corresponde a la esfera de cada persona, la cual decidirá si profesa y en su caso practica algún dogma religioso y si lo incorpora a su modelo de bienestar o de desarrollo humano.

El bienestar, para redondear la idea, desea que haya aceptación, satisfacción y filosofías de vida que abracen una perspectiva positiva, donde el balance en todo lo que se haga y se piense constituya un soporte de la vida hacia el interior para también hacia el exterior. Esta armonía con uno mismo, con los demás e incluso con la naturaleza trae consigo más salud para todas y todos, por lo que debe ser una apuesta decidida que los Estados hagan incluso en el terreno de las políticas publicas, los planes de gobierno y los programas de acción extendidos en sentido comunitario.

El conocido adagio de "mente sana en cuerpo sano" no podría tener mayor razón cuando nos referimos a las expectativas políticas que se tengan al respecto y a la labor preventiva del Derecho condensada en un sentido de anticipación, tal y como se adelantaba al inicio de este punto de la presente investigación. Si todos estos argumentos permean adecuadamente en el grueso de la sociedad, sin duda alguno podremos acercarnos a una vigencia mucho más efectiva del derecho a la protección de la salud.

Una salud integral se adminicula con el bienestar y sus múltiples objetivos, lo cual en la superficie jurídica y política se debe pensar y actuar, de nuevo, en clave de solidaridad. Los desafíos que se le presentan a los sistemas normativos no son nada fáciles de procesar, pues el Estado constitucional y democrático de Derecho requiere de respuestas sólidas en términos de interpretación y argumentación, evitando al máximo cualquier resquicio de ambigüedad o de subjetividad.

La solidaridad como idea de respaldo a los intereses de otra persona, otro colectivo o, simple y llanamente, alguien ajeno a nosotros, es un valor y una virtud cuyas dimensiones son esenciales para que se adquiere un sentido de grupo y se pueda actuar como un todo armónico, donde el respeto y la empatía hacen su aparición en aras de conseguir propósitos comunes. Un Estado consciente y responsable, desde luego, querrá que sus ciudadanas y ciudadanos sean saludables, por lo que en esa tesitura podrá hablarse de un Estado que actúa en función de la solidaridad.

Planteamiento conclusivo: democracia, crisis sanitarias y derechos fundamentales

En este libro hemos pretendido reflexionar sobre el derecho fundamental a la protección de la salud sí en el contexto del COVID-19 y la serie de transformaciones que trajo consigo, pero además, a la luz de cambios colectivos de gran calado y largo aliento que se han suscitado con independencia de esta pandemia que dinamitó las estructuras sociales y orilló a replantearlas desde adentro.

La era digital, el fenómeno globalizador, los tiempos líquidos o la postmodernidad, por citar sólo algunas revoluciones contemporáneas, inciden en los contenidos de los derechos económicos, sociales, culturales y ambientales. El derecho a la protección de la salud no podía ser la excepción, lo cual se amplifica al tener en consideración el nexo indisoluble que tiene con la vida *per se*.

Como también quedó constatado a lo largo de estas páginas, interiorizar y profundizar en la estructura del derecho a la protección de la salud nos hace preguntarnos sobre nuestros proyectos de vida, sobre el sentido de la misma y sobre los horizontes que deseamos imprimir a nuestra presencia en el mundo. Los conceptos de bienestar, desarrollo humano y armonía personal, en tal tenor, son profundamente significativos.

Retomando lo expresado, una democracia debe abocarse a la plenitud de la ciudadanía, por lo que aquí tenemos una relación de causa y efecto, de plena sintonía y correspondencia entre los sistemas democráticos y la salud. El escenario más amplio que se espera en este sentido es el de una democracia más humanizada, la cual no sólo se ocupe de la estructura de las instituciones o de los sistemas políticos sino de los destinatarios últimos de aquellos para quienes funciona y por quienes existe: los seres humanos.

Los sistemas democráticos, pues, se orientan igualmente a crear condiciones robustas de interacción, diálogo, interrelación, sinergia y correspondencia entre gobernantes y gobernados. Al momento en que esto se logra podemos afirmar sin temor a equivocarnos que la democracia está cumpliendo su cometido y puede seguir siendo el mejor sistema político y la mejor forma de gobierno hasta ahora creada. Como podemos apreciar, democracia y salud deben entrelazarse óptimamente.

La democracia puede deteriorarse, como asegura Ferrajoli,[87] si se recortan los gastos sociales de forma indiscriminada y se produce una agresión a la dimensión sustancial de tal forma de gobierno, generada por las diversas obligaciones de prestaciones vitales impuestas por los derechos sociales como la educación, la previsión, la asistencia o el que ha sido materia de esta obra: la salud, cuya garantía trae como obvia consecuencia al bienestar colectivo —en su dimensión de bienestar material y progreso civil—.

En este sentido, se hace necesario reivindicar una idea de democracia social que se ocupe tanto de los derechos de libertad como de los derechos sociales.[88] El Estado constitucional, junto a la idea del Estado social y democrático de Derecho, se relaciona intrínsecamente con las nociones de "democracia política, económica, cultural y social", así como con la función promocional de lo jurídico y, en su conjunto, integran a la justicia como valor y aspiración constitucional.[89] A esos ámbitos democráticos conviene agregar, sin duda, el inherente a la salud pública.

Definitivamente, y como asegura Nino, "la constitución ideal del poder está basada sobre una justificación de la democracia que se apoya sobre la transformación de los intereses de las per-

---

87 *Manifiesto por la igualdad*, trad. de Perfecto Andrés Ibáñez, Madrid, Trotta, 2019, p. 84.

88 *Cfr.* Arango, Rodolfo, *Democracia social. Un proyecto pendiente*, México, Fontamara, 2012, p. 189.

89 *Cfr.* Fernández, Eusebio, *Marxismo, democracia y derechos humanos*, México, Fontamara, 2012, p. 128.

sonas a través del proceso de discusión participativa y decisión mayoritaria".[90] En otro orden de ideas, es posible afirmar con claridad que "la democracia no hace descuentos. La única salida consiste en enraizar *materialmente* el *ethos* de la ciudadanía en la materialidad de la vida cotidiana".[91]

Si como asevera Manuel Aragón, "en términos generales, el Estado constitucional no es más que el intento de juridificar la democracia",[92] tal empresa debe ser permanente, consistente y fuerte. Asimismo, desde un contexto de exigencia para consigo mismas, las sociedades deben ser las primeras interesadas en la garantía de sus derechos fundamentales, siempre a través de una manifiesta voz de alerta que se emita desde los diferentes intersticios del tejido social.[93] La reivindicación de una ciudadanía exigente y vigilante de la aplicación de sus derechos y libertades resulta básica.

La órbita del derecho a la protección de la salud asume una relación intrínseca con el conjunto de los derechos sociales, y yendo más allá, con la totalidad de los derechos humanos, según se había analizado en un anterior punto del trabajo. Retomar este asunto no es gratuito, pues reivindica la exigencia de atender también las obligaciones derivadas de los demás derechos en un solo plano cognoscitivo y orientado a un mismo fin, que no es otro sino la dignidad de las personas.

---

90 *La constitución de la democracia deliberativa,* trad. de Roberto P. Saba, 1a. reimp., Barcelona, Gedisa, 2003, p. 298.

91 Flores d'Arcais, Paolo, *El soberano y el disidente: la democracia tomada en serio. Ensayo de Filosofía Política para ciudadanos exigentes,* trad. de Mar Portillo, Barcelona, Montesinos, 2006, p. 101.

92 "Constitución y derechos fundamentales", en Carbonell, Miguel (comp.), *Teoría de la Constitución. Ensayos escogidos,* 4a. ed., México, Porrúa, UNAM, Instituto de Investigaciones Jurídicas, 2008, p. 221.

93 Pisarello, Gerardo, "Estado de Derecho y crisis de la soberanía en América Latina: algunas notas entre la pesadilla y la esperanza", en Cabo, Antonio de y Pisarello, Gerardo (eds.), *Constitucionalismo, mundialización y crisis del concepto de soberanía,* Alicante, Universidad de Alicante, 2000, p. 83.

Se trata, al tenor de lo dicho, de un derecho inclusivo, lo cual se vincula evidentemente con su universalidad y con la necesidad de no discriminar absolutamente a ninguna persona, por ninguna razón, en aras de obtener una consecución de todos los fines sanitarios. La inclusión que se debe desdoblar al respecto se enlaza con el máximo beneficio para todos los individuos en cuanto a su bienestar y desarrollo. Por igual, la protección más amplia de esta prerrogativa y el mayor beneficio posible para los seres humanos se articulan como propósitos de un sistema sanitario precisamente inclusivo. Así podemos hablar de una democracia sanitaria en todos los términos.

Uno de los grandes retos en términos del derecho a la protección de la salud como derecho inclusivo es el de la atención a los grupos vulnerables y a las minorías. En efecto, millones de personas en todo el mundo batallan para acceder a servicios de salud, lo cual se complica si viven en situación de pobreza, si son refugiados, migrantes, extranjeros o están en condición de asilo, si pertenecen al colectivo LGBT+, si son niñas, niños y adolescentes, si tienen alguna discapacidad, si pertenecen a alguna minoría étnica o grupo indígena, si están en situación de calle o sin techo o si son adultos mayores.

Si en lo general la salud como derecho tiene enormes problemáticas para pasar del discurso constitucional y de los tratados internacionales a la realidad social, esto se maximiza cuando se lleva al terreno de los colectivos desaventajados. Por tal razón, la inclusión debe pensarse y practicarse siempre a partir de adecuadas estrategias que incidan en la generalidad de la población.

El Estado, como es dable visualizar, tiene una serie de relevantes atribuciones para garantizar el derecho a la protección de la salud. Estas funciones se dan tanto en el pleno interior de cada Estado nacional como en el seno de la comunidad internacional. Efectivamente, el concierto supranacional es totalmente trascendente cuando hablamos de la salud como derecho y los conflictos que conlleva.

El nuevo coronavirus nos ha enseñado uno de los lados negativos y oscuros de la globalización, consistente en la rápida propagación de las enfermedades. Si en anteriores épocas históricas de la humanidad los agentes infecciosos terminaban por diseminarse invariablemente a lo largo y ancho del mundo, no es difícil imaginar la sencillez con que esto tiene verificativo en una era donde el tránsito de personas ha crecido exponencialmente a niveles insospechados gracias a los avances científicos y tecnológicos que facilitan el transporte y el desplazamiento de un sitio geográfico a otro presuntamente remoto.

Podemos hablar entonces de una globalización sanitaria como una especie de moneda que tiene dos caras. La primera, absolutamente positiva, tiene que ver con el intercambio médico y científico en cuestiones de investigación, con la adopción de las mejores prácticas clínicas y hospitalarias, con la cooperación entre países y organizaciones internacionales para una mejor salud a escala planetaria, con una mejor gestión de los hospitales y los centros de salud a partir de la experiencia comparada o, de manera ejemplar, con el desarrollo de fármacos, vacunas y antídotos en tiempo récord, disminuyendo así la posibilidad de mayores pérdidas humanas en contextos pandémicos.

Pero el cariz negativo de esa globalización sanitaria se relaciona con lo comentado con anterioridad: la dispersión de los agentes patológicos y todo lo que trae consigo. Ni más ni menos, esa dispersión y propagación dificulta el tratamiento de las enfermedades, además de que complica aún más la ya de por sí difícil situación humanitaria que se vive en contextos como el del nuevo coronavirus, en donde el imperativo del confinamiento y el aislamiento social ocasionó en algunas zonas la escasez de alimentos o de indumentaria, por citar únicamente dos ejemplos rápidos.

Cualquiera que sea el caso, redoblar esfuerzos en pro de la salud global es una necesidad imperiosa. Queda claro que la salud concierne a la totalidad de las personas en el globo terráqueo, justamente por la influencia que puede tener en un lugar lo que sucede en otro. Lo sanitario es un tema sin fronteras, razón por la cual debe pensarse a la luz de lo que sucede allende las mismas. Los grandes males de salud pública de nuestro tiempo tienen toda una vertiente trasnacional, misma que nos lleva a pensar y a asumir que los fenómenos globales requieren de respuestas locales, sin dejar de tener en consideración que en tales respuestas hay toda una experiencia adquirida gracias al flujo de datos propiciado por la era digital y las tecnologías de información y comunicación. Entonces, la acotación es que tales respuestas locales se deben dar con proyección global, con información global y a partir de un entendimiento global.

La globalización sanitaria, para tener un empuje e influjo positivo de cara al futuro, también debe propiciar un involucramiento agudo de la ciudadanía con las instituciones globales y con las organizaciones no gubernamentales de la sociedad civil internacional. Hay que apuntar a un empoderamiento ciudadano de orden transfronterizo donde se ejerciten las mejores prácticas de gobernanza cooperativa y donde se propicie una horizontalidad en la toma de decisiones. El gobierno abierto y el gobierno electrónico son dos poderosos insumos que pueden coadyuvar en la consecución de esta empresa, generando así un diálogo permanente, sólido y debidamente confeccionado entre gobernantes y gobernados, lo cual, no lo olvidemos, es una de las intencionalidades centrales de cualquier democracia que se precie de serlo.

Por otro lado, una mejor salud global puede ser posible si se articula una institucionalidad precisamente mundial mucho más robusta en materia sanitaria, empezando por la Organización Mundial de la Salud y la necesidad de que amplíe, consolide, expanda y reconfigure sus atribuciones, de tal suerte que sus determinaciones se sigan tajantemente por los todos los Estados miembros de las Naciones Unidas sin excepción, evitando así muchas arbitrariedades, diferencias de criterio y acciones más bien populistas que tuvieron lugar sobre todo en el punto más álgido de la crisis por el nuevo coronavirus.

La financiación de esta institucionalidad sanitaria mundial no debe ser opcional. La comunidad internacional debe velar en todo momento por que los recursos económicos, financieros, humanos y de toda índole que pongan en marcha a la Organización Mundial de la Salud e instituciones análogas no falten jamás. La insuficiencia presupuestal no puede ser un pretexto para dejar de echar a andar un sistema sanitario mundial encabezado por esta institución pero en el que, además, estén plenamente inmiscuidos los gobiernos de cada Estado nación y otras organizaciones en el plano trasnacional y regional. Evidentemente, los mecanismos de financiamiento deben ser ajustes y acordes con las posibilidades de cada nación. Los países más ricos deben aportar más que los pobres, eso queda claro, pensando siempre en un sistema proporcional, justo, equitativo y distributivo, sin que ello pueda ser una condicionante para factores geopolíticos o de otra índole, los cuales perturben la loable finalidad que se trata de conseguir.

El liderazgo de la Organización Mundial de la Salud no debe ser meramente ornamental. Todo lo contrario: se debe consolidar la jefatura de esta agencia incluso en el ámbito de una política en materia de salud pública mundial, en donde sus directrices se puedan aplicar con firmeza y no queden sólo en el plano de las recomendaciones. Esta institución no sólo no debe desaparecer o ver disminuidas sus facultades sino que, antes bien, estas últimas tendrían que potenciarse, amplificarse y robustecerse. Una Organización Mundial de la Salud fuerte iría en el sentido de un *rule of law* supranacional, que tenga primacía sobre la soberanía nacional exacerbada.[94]

Sería factible la creación de centros de investigación mundial que coadyuven en la prevención de nuevas enfermedades y potenciales pandemias, todo ello a través de la innovación médica, científica y tecnológica. Desde luego, fortificar el rol de los centros ya existentes y el que también tienen las Universidades y sus escuelas

---

94 Sobre la idea del *rule of law* supranacional, la globalización jurídica y las razones para una segunda declaración de derechos humanos fundamentales, véase Ferrara, Alessandro, "La globalización del Derecho", trad. de Daniel Innerarity, *Claves de razón práctica*, Madrid, núm. 160, marzo de 2006, pp. 26.-31.

de Medicina se incrustaría en la lógica de esta nueva institucionalidad sanitaria que a todas y todos los que habitamos el planeta nos conviene.

Por supuesto, una solvente ligadura con los sectores privado y social no sólo es bienvenida sino requerida, sobre todo cuando pensamos en el caso de la industria farmacéutica y de las grandes corporaciones trasnacionales que, lejos de considerarse como un poder fáctico, grupo de presión o de interés en este tópico, se configuren como actores sociales de gran peso y relevancia, dotados de una enorme responsabilidad social.

Todo lo hasta aquí dicho es apenas un esbozo de lo que debemos pensar, reflexionar, meditar y poner en práctica cuando hablemos del derecho a la protección de la salud y los múltiples desafíos que entrelleva. No es nada sencillo esbozar algún aserto en clave propositiva pero, en cambio, puede trazarse una hoja de ruta a partir de las modestas ideas que en este trabajo se han vertido.

Tanto una democracia sanitaria como un constitucionalismo sanitario son posibles no sólo de una forma alegórica sino como auténticas categorías a partir de las cuales se piense, se procese y se aplique una ciudadanía activa, una política social inclusiva por parte de las autoridades y de quienes toman las decisiones, y una dignidad a partir de la cual se dimensionen los ejes rectores del Estado constitucional y democrático de Derecho. Así podremos aprender mucho no sólo de la salud como prerrogativa elemental sino de todos nuestros derechos y libertades en contextos de crisis.

Fuentes de información

Bibliográficas:

Abramovich, Víctor *et al* (comps.), *Derechos sociales. Instrucciones de uso,* 1a. reimp., México, Fontamara, 2006.

Abramovich, Víctor y Courtis, Christian, *El umbral de la ciudadanía. El significado de los derechos sociales en el Estado social constitucional,* Buenos Aires, Editores del Puerto, 2006.

_____, *Los derechos sociales como derechos exigibles,* Madrid, Trotta, 2001.

Alonso Seco, José María, *La política social como realización de derechos sociales,* Valencia, Tirant lo Blanch, 2019.

Aragón, Manuel, "Constitución y derechos fundamentales", en Carbonell, Miguel (comp.), *Teoría de la Constitución. Ensayos escogidos,* 4a. ed., México, Porrúa, UNAM, Instituto de Investigaciones Jurídicas, 2008.

Arango, Rodolfo, *Democracia social. Un proyecto pendiente,* México, Fontamara, 2012.

Atienza Macías, Elena y Rodríguez Ayuso, Juan Francisco (dirs.), *Las respuestas del Derecho a las crisis de salud pública,* Madrid, Dykinson, 2020.

Bauman, Zygmunt, *Amor líquido. Acerca de la fragilidad de los vínculos humanos,* México, Fondo de Cultura Económica, 2005.

_____, *Identidad,* Buenos Aires, Losada, 2005.

_____, *La globalización. Consecuencias humanas,* México, Fondo de Cultura Económica, 1998.

_____, *Miedo líquido. La sociedad contemporánea y sus temores,* trad. de Albino Santos Mosquera, México, Paidós, 2013.

_____, *Modernidad líquida,* México, Fondo de Cultura Económica, 2003.

_____, *Reflexiones sobre un mundo líquido,* Barcelona, Paidós, 2017; *Tiempos líquidos. Vivir en una época de incertidumbre,* México, Tusquets, 2009.

_____, *Trabajo, consumismo y nuevos pobres,* Barcelona, Gedisa, 2000.

_____, *Vida de consumo,* México, Fondo de Cultura Económica, 2007.

_____, *Vida líquida,* Barcelona, Paidós, 2006.

Brena, Ingrid, *El Derecho y la salud. Temas a reflexionar,* México, UNAM, Instituto de Investigaciones Jurídicas, 2004.

_____ (coord.), *Derecho y salud,* México, El Colegio Nacional, UNAM, Instituto de Investigaciones Jurídicas, 2020.

Cano Valle, Fernando, *Derecho a la protección a la salud en América Latina*, México, Centro Interamericano de Estudios de Seguridad Social, 2010.

Cárdenas Gracia, Jaime, *La argumentación como Derecho*, 4a. reimp., México, UNAM, Instituto de Investigaciones Jurídicas, 2018.

Carmona Cuenca, Encarnación, *El Estado social de Derecho en la Constitución*, Madrid, Consejo Económico y Social, 2000.

Carpizo, Jorge, "Los derechos humanos en México", en *id.*, *Estudios constitucionales*, 8a. ed., México, Porrúa, UNAM, Instituto de Investigaciones Jurídicas, 2003.

Celi Maldonado, Alejandra, *La interpretación de los derechos sociales por el defensor del pueblo*, Valencia, Tirant lo Blanch, 2018.

Cossío Díaz, José Ramón, "Felipe Tena Ramírez y la Constitución de 1917", en *id.* y Silva-Herzog Márquez, Jesús (coords.), *Lecturas de la Constitución. El constitucionalismo mexicano frente a la Constitución de 1917*, México, Fondo de Cultura Económica, 2017.

Cossío Díaz, José Ramón, *Cambio social y cambio jurídico*, México, Miguel Ángel Porrúa, Instituto Tecnológico Autónomo de México, 2008.

Courtis, Christian, *El mundo prometido. Escritos sobre derechos sociales y derechos humanos*, México, Fontamara, 2009.

Díaz, Elías, *Ética contra política*, 2a. ed., México, Fontamara, 1998, p. 127.

Entrena Ruiz, Daniel B., *Eficacia administrativa (eficiente) y plenitud de los derechos sociales. La problemática jurídica de las enfermedades poco frecuentes*, Valencia, Tirant lo Blanch, 2018.

Fazio, Federico, *Teoría principialista de los derechos sociales*, Madrid, Marcial Pons, 2019.

Fernández Ruiz, Jorge (coord.), *Servicios públicos de salud y temas conexos*, México, Porrúa, UNAM, Facultad de Derecho, 2006.

Fernández, Eusebio, *Marxismo, democracia y derechos humanos*, México, Fontamara, 2012.

Ferrajoli, Luigi, "Contra los poderes salvajes del mercado: para un constitucionalismo de Derecho Privado", trad. de Miguel Carbonell, en Carbonell, Miguel *et al.* (coords.). *Estrategias y propuestas para la Reforma del Estado*, 2a. ed., México, UNAM, Instituto de Investigaciones Jurídicas, 2002.

_____, "Por una esfera pública del mundo", trad. de José María Seco Martínez y Rafael Rodríguez Prieto, en VV. AA., *El nuevo orden americano. ¿La muerte del Derecho?*, Córdoba, Almuzara, 2005.

_____, *El garantismo y la Filosofía del Derecho*, Bogotá, Universidad del Externado de Colombia, 2000.

_____, *Los derechos y sus garantías. Conversación con Mauro Barberis*, trad. de José Manuel Revuelta, rev. téc. de la trad. de Perfecto Andrés Ibáñez, Madrid, Trotta, 2016.

_____, *Manifiesto por la igualdad*, trad. de Perfecto Andrés Ibáñez, Madrid, Trotta, 2019.

_____, *Poderes salvajes. La crisis de la democracia constitucional*, trad. de Perfecto Andrés Ibáñez, Madrid, Trotta, 2011.

_____, *Por una Constitución de la Tierra. La humanidad en la encrucijada*, trad. de Perfecto Andrés Ibáñez, Madrid, Trotta, 2022.

_____, *Principia iuris. Teoría del Derecho y de la democracia. 2. Teoría de la democracia*, Madrid, Trotta, 2011.

Figueroa García-Huidobro, Rodolfo, "El derecho a la salud", *Estudios Constitucionales*, Talca, año 11, núm. 2, 2013.

Fix-Zamudio, Héctor, "Los derechos humanos y su protección jurídica y procesal en Latinoamérica", en Valadés, Diego *et al.*, *Ideas e instituciones constitucionales en el siglo XX*, México, Siglo XXI, UNAM, Instituto de Investigaciones Jurídicas, 2011.

_____ y Valencia Carmona, Salvador, *Derecho Constitucional Mexicano y Comparado*, 6a. ed., México, Porrúa, UNAM, Instituto de Investigaciones Jurídicas.

Flores d'Arcais, Paolo, *El soberano y el disidente: la democracia tomada en serio. Ensayo de Filosofía Política para ciudadanos exigentes*, trad. de Mar Portillo, Barcelona, Montesinos, 2006.

Gallardo García, Rosa María, *Protección jurídica de la vida y salud de los trabajadores*, Granada, Comares, 2016.

García Ramírez, Sergio, *Estudios jurídicos*, México, UNAM, Instituto de Investigaciones Jurídicas, 2000.

Gaviria Díaz, Carlos, *Sentencias. Herejías constitucionales*, pról. de Alfredo Molano Bravo, México, Fondo de Cultura Económica, 2002.

Gómez Urquijo, Laura (ed.), *El pilar europeo de derechos sociales: contribución al empleo y al mercado de trabajo europeo*, Pamplona, Aranzadi, 2018.

Habermas, Jürgen, *Facticidad y validez. Sobre el Derecho y el Estado democrático de Derecho en términos de teoría del discurso*, introd. y trad. de Manuel Jiménez Redondo, 5a. ed., Madrid, Trotta, 2008.

_____, *La inclusión del otro. Estudios de teoría política*, trad. de Juan Carlos Velasco Arroyo, Barcelona, Paidós, 1999.

Holmes, Stephen y Sunstein, Cass R., *El costo de los derechos. Por qué la libertad depende de los impuestos,* trad. de Stella Mastrangelo, Buenos Aires, Siglo XXI Editores, 2011.

Lasalle, Ferdinand, *¿Qué es una Constitución?,* trad. de Wenceslao Roces, introd. de Eliseo Aja, 2a. ed., Barcelona, Ariel, 2002.

Llamazares, Gaspar *et al.*, *Salud: ¿derecho o negocio? Una defensa de la sanidad pública,* Gijón, Trea, 2020.

López Ahumada, José Eduardo, *La tutela transversal del derecho a la salud en el trabajo,* pról. de Francisco Alemán Páez, Madrid, Cinca, 2020.

Lugo Garfias, María Elena, *El derecho a la salud,* México, Comisión Nacional de los Derechos Humanos, 2015.

Manzano García, José Roberto, *El Derecho en la atención a la salud,* pról. de Gustavo Leal Fernández, México, Porrúa, 2006.

Moctezuma Barragán, Gonzalo, *Derechos de los usuarios de los servicios de salud,* México, UNAM, Instituto de Investigaciones Jurídicas, Cámara de Diputados, LVIII Legislatura, 2000.

Montiel, Lucía, "Derecho a la salud en México. Un análisis desde el debate teórico contemporáneo de la justicia sanitaria", *Revista IIDH,* San José, núm. 40, julio-diciembre de 2004.

Morales Antoniazzi, Mariela y Clérico, Laura (coords.), *Interamericanización del derecho a la salud. Perspectivas a la luz del caso* Poblete *de la Corte IDH,* Querétaro, Instituto de Estudios Constitucionales del Estado de Querétaro, 2019.

Nash Rojas, Claudio, *La concepción de derechos fundamentales en Latinoamérica,* México, Fontamara, 2010.

Nino, Carlos Santiago, *La constitución de la democracia deliberativa,* trad. de Roberto P. Saba, 1a. reimp., Barcelona, Gedisa, 2003.

______, *Una teoría de la justicia para la democracia. Hacer justicia, pensar la igualdad y defender libertades,* pról. de Roberto Gargarella, present. de Roberto Gargarella y Paola Bergallo, 1a. reimp., Buenos Aires, Siglo XXI, 2014.

Noriega Cantú, Alfonso, *Los derechos sociales: creación de la Revolución de 1910 y de la Constitución de 1917,* México, UNAM, 1988.

Orbegoso Silva, Miluska F., *Derechos fundamentales y prestaciones sociales. Una aproximación desde la teoría de la organización y el procedimiento,* Madrid, Centro de Estudios Políticos y Constitucionales, 2018.

Pelayo González-Torre, Ángel (coord.), *Problemas actuales de Derecho y salud. Perspectivas desde España y Latinoamérica,* Granada, Comares, 2015.

Pérez Gálvez, Juan, *Retos y propuestas para el sistema de salud*, Valencia, Tirant lo Blanch, 2019.

Pisarello, Gerardo, "Estado de Derecho y crisis de la soberanía en América Latina: algunas notas entre la pesadilla y la esperanza", en Cabo, Antonio de y Pisarello, Gerardo (eds.), *Constitucionalismo, mundialización y crisis del concepto de soberanía*, Alicante, Universidad de Alicante, 2000.

_____, "Los derechos sociales en el constitucionalismo moderno: por una articulación compleja de las relaciones entre política y derecho", en Carbonell, Miguel *et al.* (comps.), *Derechos sociales y derechos de las minorías*, 2a. ed., México, Porrúa, UNAM, Instituto de Investigaciones Jurídicas, 2001.

_____, *Los derechos sociales y sus garantías. Elementos para una reconstrucción*, Madrid, Trotta, 2007.

Rojas Caballero, Ariel Alberto, *Las garantías individuales en México. Su interpretación por el Poder Judicial de la Federación*, pról. de Genaro David Góngora Pimentel, 3ª. ed., México, Porrúa, 2004.

Saavedra Alessandri, Pablo, "El derecho a la vida en la jurisprudencia de la Corte Interamericana de Derechos Humanos", en Martin, Claudia *et al* (comps.), *Derecho Internacional de los Derechos Humanos*, pról. de Claudio Grossman, 1a. reimp., México, Fontamara, Universidad Iberoamericana, American University, Washington College of Law, Academia de Derechos Humanos y Derecho Internacional Humanitario, 2006.

Salamero Teixidó, Laura (coord.), *Retos del derecho a la salud y de la salud pública en el siglo XXI*, Pamplona, Aranzadi, 2020.

Salvioli, Fabián, "La Conferencia de Viena de las Naciones Unidas: esperanzas y frustraciones en materia de derechos humanos", en VV. AA., *Direitos Humanos, a promessa do século XXI*, Porto, Universidade Portucalense, 1997.

Salazar Ugarte, Pedro, *La democracia constitucional. Una radiografía teórica*, México, Fondo de Cultura Económica, UNAM, Instituto de Investigaciones Jurídicas, 2006.

Silva García, Fernando (coord.), *Garantismo judicial: derecho a la salud*, México, Porrúa, 2011.

Silva Nava, Carlos de, *Curso de Derecho Constitucional*, pról. de Manuel González Oropeza, México, Suprema Corte de Justicia de la Nación, Benemérita Universidad Autónoma de Puebla, 2010.

Soberanes Fernández, José Luis, *Derechos humanos y su protección constitucional*, México, Porrúa, Instituto Mexicano de Derecho Procesal Constitucional, 2012.

Tamer, Sergio Víctor, *La garantía judicial de los derechos sociales y su legitimidad democrática*, Salamanca, Ratio Legis, 2018.

Tomillo Urbina, Jorge y Cayón de las Cuevas, Joaquín (dirs.), *Derecho y salud como realidades interactivas*, Pamplona, Aranzadi, 2015.

Torres Cazorla, María Isabel y Sánchez Patrón, José Manuel (coords.), *Bioderecho internacional. Derechos humanos, salud pública y medioambiente*, Valencia, Tirant lo Blanch, Universidad de Málaga, 2018.

Valadés, Diego, "Introducción: visión panorámica del constitucionalismo en el siglo XX", en *id. et al.*, *Ideas e instituciones constitucionales en el siglo XX*, México, Siglo XXI, UNAM, Instituto de Investigaciones Jurídicas, 2011.

Villanueva C., Ruth, *Derecho a la protección de la salud de las personas internas en los centros penitenciarios de la República Mexicana*, México, Comisión Nacional de los Derechos Humanos, 2016.

VV. AA., *Derechos sociales y políticas inclusivas. Propuestas de mejora de la normativa valenciana*, Valencia, Tirant lo Blanch, 2019.

Woldenberg, José, *Después de la transición. Gobernabilidad, espacio público y derechos*, México, Cal y Arena, 2006.

Zagrebelsky, Gustavo, *El Derecho dúctil. Ley, derechos, justicia*, trad. de Marina Gascón, 7a. ed., Madrid, Trotta, 2007.

_____ y Martini, Carlo María, *La exigencia de justicia*, trad. de Miguel Carbonell, Madrid, Trotta, 2006.

Žižek, Slavoj, *Pandemic!: COVID-19 Shakes the world*, Nueva York, O/R Books, 2020.

Zúñiga Fajuri, Alejandra, *Equidad y derecho a la protección de la salud*, Alcalá de Henares, Universidad Alcalá de Henares, 2014.

Electrónicas:

Amnistía Internacional, "COVID-19: el fracaso de las empresas farmacéuticas para garantizar el acceso equitativo a las vacunas contribuyó a la catástrofe de los derechos humanos en 2021", disponible en https://www.amnesty.org/es/latest/news/2022/02/covid-19-pharmaceutical-companies-failure-on-equal-vaccine-access-contributed-human-rights-catastrophe-in-2021/. [En línea: 14 de febrero de 2022].

Conferencia Mundial de Derechos Humanos, *Declaración y Programa de Acción de Viena*, disponible en https://www.ohchr.org/sites/default/files/Documents/Events/OHCHR20/VDPA_booklet_Spanish.pdf. [En línea: 6 de mayo de 2020].

González Martín, Nuria y Valadés, Diego (coords.), *Emergencia sanitaria por COVID-19: Derecho Constitucional Comparado*, México, UNAM, Instituto de Investigaciones Jurídicas, 2020, disponible en https://archivos.juridicas.unam.mx/www/bjv/libros/13/6195/3a.pdf. [En línea: 1 de agosto de 2020].

Harari, Yuval Noah, "The world after coronavirus", *Financial Times,* disponible en https://www.ft.com/content/19d90308-6858-11ea-a3c9-1fe6fedcca75. [En línea: 19 de marzo de 2020].

"Carolin Emcke. 'La pandemia es una tentación autoritaria que invita a la represión'", *El País,* disponible en https://elpais.com/cultura/2020-04-19/carolin-emcke-esta-es-una-tentacion-autoritaria-que-invita-a-la-represion.html?fbclid=IwAR3-d0MEFbTCvLdo3N-j-uDmsQG6MqEV-EVOYVPUKi-TUwGTsH4Z5AB_U7HM. [En línea: 20 de abril de 2020].

"Covid: el número real de muertes por la pandemia en todo el mundo es de casi 15 millones (y qué países de América Latina tienen mayor exceso de mortalidad)", *BBC News Mundo,* disponible en https://www.bbc.com/mundo/noticias-61333739. [En línea: 5 de mayo de 2022].

"Economist Joseph Stiglitz says coronavirus is 'exposing' health inequality in US", *CNBC,* disponible en https://www.cnbc.com/2020/04/14/economist-joseph-stiglitz-says-coronavirus-is-exposing-health-inequality-in-us.html. [En línea: 14 de abril de 2020].

"Frente al coronavirus, ¿es necesario restringir las libertades compulsivamente?", *Clarín,* disponible en https://www.clarin.com/opinion/frente-coronavirus-necesario-restringir-libertades-compulsivamente-_0_7-hXC6hjy.html. [En línea: 24 de marzo de 2020].

"Habermas: nunca habíamos sabido tanto de nuestra ignorancia", *La Vanguardia,* disponible en https://www.lavanguardia.com/cultura/20200404/48295927411/habermas-nunca-habiamos-sabido-tanto-de-nuestra-ignorancia.html. [En línea: 4 de abril de 2020].

"La fábrica de virus se salió de control: Eugenio Raúl Zaffaroni", *El Economista,* disponible en https://www.eleconomista.com.mx/politica/La-fabrica-de-virus-se-salio-de-control-Eugenio-Raul-Zaffaroni-20200718-0020.html. [En línea: 18 de julio de 2020].

"Martha Nussbaum: 'Esta pandemia es una gran oportunidad para abrir nuestras vidas a las realidades de otros'", *La Nación,* disponible en https://www.lanacion.com.ar/el-mundo/coronavirus-martha-nussbaum-esta-pandemia-es-gran-nid2358443. [En línea: 26 de abril de 2020].

"Naomi Klein: 'La gente habla sobre cuándo se volverá a la normalidad, pero la normalidad era la crisis'", *El Salto,* disponible en https://www.elsaltodiario.com/coronavirus/entrevista-naomi-klein-gente-habla-volver-normalidad-crisis-doctrina-shock?fbclid=IwAR2hK_lNyFBW1kB34xQT5aqKtc6xP9MuQWFhpE6WAEtokywlveX3vjf7vGU. [En línea: 1 de abril de 2020].

Naciones Unidas, Consejo Económico y Social, "El derecho al disfrute del más alto nivel posible de salud", disponible en

https://www.acnur.org/fileadmin/Documentos/BDL/2001/1451.pdf. [En línea: 18 de mayo de 2021].

"Paul Krugman advirtió que cuando pase el coronavirus quedará 'una <<bomba de tiempo>> fiscal enorme'", *Infobae*, disponible en https://www.infobae.com/economia/2020/04/03/paul-krugman-advirtio-que-cuando-pase-el-coronavirus-quedara-una-bomba-de-tiempo-fiscal-enorme/. [En línea: 3 de abril de 2020].

"Por qué el Covid-19 afecta la Constitución. El jurista Diego Valadés sostiene que México se ha venido desconstitucionalizando en la pandemia", *El Universal*, disponible en https://www.eluniversal.com.mx/ciencia-y-salud/por-que-el-covid-19-afecta-la-constitucion. [En línea: 9 de junio de 2020].

"Saskia Sassen, socióloga: 'Cuando los financieros hablan, muy pocos políticos entienden lo que dicen'", *El País*, disponible en https://elpais.com/ideas/2020-04-24/saskia-sassen-sociologa-cuando-los-financieros-hablan-muy-pocos-politicos-entienden-lo-que-dicen.html?fbclid=IwAR2E9mFAD8IeH-guu5-02ouW1rxDpaqgfp6Bs-JT8q8iCveUu5n4rrmfxe0M. [En línea: 24 de abril de 2020].

"Slavoj Žižek: 'El coronavirus es un golpe al capitalism a lo 'Kill Bill' que podría reinventar el comunismo'", *RT en Español*, disponible en https://actualidad.rt.com/actualidad/344511-slavoj-zizek-coronavirus-golpe-capitalismo-kill-bill-reinventar-comunismo. [En línea: 29 de febrero de 2020].

"Slavoj Žižek: 'El coronavirus nos obliga a elegir entre el comunismo global o la ley de la jungla'", *RT en Español*, disponible en https://actualidad.rt.com/actualidad/348318-slavoj-zizek-coronavirus-comunismo-jungla. [En línea: 31 de marzo de 2020].

"Timothy Snyder: 'Me preocupa que líderes autoritarios saquen provecho del sufrimiento'", *El País*, disponible en https://elpais.com/cultura/2020-04-26/timothy-snyder-esta-crisis-puede-acabar-por-restar-atractivo-a-los-autoritarismos.html?fbclid=IwAR2YD5PLOuhQA_q1lqoL6BAAiF0ftqkgegI-uGWK-bnv_XL9qOVmfR_xoVw. [En línea: 26 de abril de 2020].

Hemerográficas:

Arroyo Cisneros, Edgar Alán, "La justicia como experiencia y los derechos sociales: una necesaria relación", *Vínculos. Sociología, análisis y opinión*, Guadalajara, núm. 10, 2017.

Carrillo, Marc, "La eficacia de los derechos sociales: entre la Constitución y la ley", *Jueces para la Democracia*, Madrid, núm. 36, noviembre de 1999.

Díaz Pérez, Alejandro, "Reflexiones sobre la protección no judicial del derecho a la salud", *Revista Latinoamericana de Derecho Social*, México, núm. 28, enero-junio de 2019.

Elizondo Mayer-Serra, Carlos, "El derecho a la protección de la salud", *Salud pública de México*, México, vol. 49, núm. 2, marzo-abril de 2007.

Ferrara, Alessandro, "La globalización del Derecho", trad. de Daniel Innerarity, *Claves de razón práctica*, Madrid, núm. 160, marzo de 2006.

Legarre, Santiago y Orrego, Cristóbal, "Los usos del Derecho Constitucional Comparado y la universalidad de los derechos humanos", *Revista Española de Derecho Constitucional*. Madrid, núm. 88, enero-abril de 2010.

Maya, Edgardo, "El derecho a la salud en la perspectiva de los derechos humanos y del sistema de inspección, vigilancia y control de quejas en materia de salud", *Revista Colombiana de Psiquiatría*, Bogotá, vol. 37, núm. 4, octubre-diciembre de 2008.

Pereira Jardim, Lourdes y Heredia Martínez, Henny Luz, "Conjeturas sobre el derecho social y la salud en Venezuela", *Revista Latinoamericana de Derecho Social*, México, núm. 18, enero-junio de 2014.

Pisarello, Gerardo, "Del Estado social tradicional al Estado social constitucional: por una protección compleja de los derechos sociales", *Isonomía*, núm. 15, octubre de 2001.

_____, "Los derechos sociales en el constitucionalismo democrático", *Boletín Mexicano de Derecho Comparado*, México, núm. 92, mayo-agosto de 1998.

Robles, Magda Yadira, "El derecho a la salud en la jurisprudencia de la Corte Interamericana de Derechos Humanos", *Cuestiones Constitucionales. Revista Mexicana de Derecho Constitucional*, México, núm. 35, julio-diciembre de 2016.

Ruiz Massieu, José Francisco, "El derecho a la protección de la salud y la responsabilidad del Estado", *Salud pública de México*, México, vol. 27, núm. 1, enero-febrero de 1985.

Jurisprudenciales:

Corte Interamericana de Derechos Humanos. Caso Poblete Vilches y otros vs. Chile. Sentencia de 8 de marzo de 2018 (Fondo, Reparaciones y Costas). Disponible en https://www.corteidh.or.cr/docs/casos/articulos/seriec_349_esp.pdf. [En línea: 15 de mayo de 2021].

Corte Interamericana de Derechos Humanos. Caso Súarez Peralta vs. Ecuador. Sentencia de 21 de mayo de 2013. Disponible en https://www.corteidh.or.cr/docs/casos/articulos/seriec_261_esp.pdf. [En línea: 16 de mayo de 2021].

Corte Interamericana de Derechos Humanos, *Cuadernillo de Jurisprudencia de la Corte Interamericana de Derechos Humanos No. 28: derecho a la salud*, San José, Corte IDH, 2020.

Registro digital: 165826 del *Semanario Judicial de la Federación.*

Registro digital: 167543 del *Semanario Judicial de la Federación.*

Registro digital: 169316 del *Semanario Judicial de la Federación.*

Registro digital: 2004683 del *Semanario Judicial de la Federación.*

Registro digital: 2010420 del *Semanario Judicial de la Federación.*

Registro digital: 2014025 del *Semanario Judicial de la Federación.*

Registro digital: 2015427 del *Semanario Judicial de la Federación.*

Registro digital: 2019358 del *Semanario Judicial de la Federación.*

Registro digital: 2020589 del *Semanario Judicial de la Federación.*

Registro digital: 2022082 del *Semanario Judicial de la Federación.*

Registro digital: 2022253 del *Semanario Judicial de la Federación.*

Registro digital: 2022256 del *Semanario Judicial de la Federación.*

Registro digital: 2022301 del *Semanario Judicial de la Federación.*

Registro digital: 2022888 del *Semanario Judicial de la Federación.*

Registro digital: 2022889 del *Semanario Judicial de la Federación.*

Registro digital: 2022890 del *Semanario Judicial de la Federación.*

Registro digital: 2023130 del *Semanario Judicial de la Federación.*

Registro digital: 2023762 del *Semanario Judicial de la Federación.*

Registro digital: 2024636 del *Semanario Judicial de la Federación.*

Normativas:

Constitución Política de los Estados Unidos Mexicanos.

Convención Internacional sobre la Eliminación de todas las Formas de Discriminación Racial.

Convención Internacional sobre la Protección de los Derechos de todos los Trabajadores Migratorios y de sus Familiares.

Convención sobre la Eliminación de Todas las Formas de Discriminación contra la Mujer.

Convención sobre los Derechos de las Personas con Discapacidad.

Convención sobre los Derechos del Niño.

Declaración de las Naciones Unidas sobre los derechos de los pueblos indígenas.

Ley de los Derechos de las Personas Adultas Mayores.

Ley de los Institutos Nacionales de Salud.

Ley del Instituto de Seguridad y Servicios Sociales de los Trabajadores del Estado.

Ley del Instituto Nacional de los Pueblos Indígenas.

Ley del Seguro Social.

Ley General de Acceso de las Mujeres a una Vida Libre de Violencia.

Ley General de los Derechos de Niñas, Niños y Adolescentes.

Ley General de Salud.

Ley General para la Atención y Protección a Personas con la Condición del Espectro Autista.

Ley General para la Igualdad entre Mujeres y Hombres.

Ley General para la Inclusión de las Personas con Discapacidad.

Pacto Internacional de Derechos Económicos, Sociales y Culturales.

Protocolo Adicional a la Convención Americana sobre Derechos Económicos, Sociales y Culturales, Protocolo de San Salvador.

Pronunciamientos internacionales:

Conclusiones del Consejo de la Unión Europea sobre el COVID-19.

Declaración de la Corte Interamericana de Derechos Humanos 1/20.

Guía de acción política para enfrentar la pandemia del COVID-19 de la Organización de los Estados Americanos.

Periodo Extraordinario de Sesiones de la Asamblea General de las Naciones Unidas en respuesta a la pandemia de enfermedad por coronavirus (COVID-19) de 3 y 4 de diciembre de 2020.

Plan estratégico de preparación y respuesta de la Organización Mundial de la Salud.